런던 홍차 산책

런던 홍차 산책
TEA ROOMS IN LONDON

초판 1쇄 발행   2020년 11월 16일
초판 2쇄 발행   2024년 6월 15일

지은이   송은숙

펴낸이   김환기
펴낸곳   도서출판 이른아침
주 소   경기도 고양시 덕양구 삼원로 63 고양아크비즈 927호
전 화   031)908-7995
팩 스   070)4758-0887
등 록   2003년 9월 30일 제 313-2003-00324호
이메일   booksorie@naver.com

ISBN 978-89-6745-107-3 03810
정가 22,000원

홍차 제국의 수도, 런던의 티룸 기행

런던 홍차 산책

송은숙 지음

이른아침

 **책머리에**

런던은 이름만 들어도 마음을 설레게 하는 관광명소들, 역사가 숨 쉬는 근사한 포토존이 즐비한 도시다. 그런 런던을 방문하는 여행자라면 한 번쯤 꼭 경험해보고 싶은 것이 하나 있다. 바로 영국의 전통 애프터눈 티(Afternoon Tea)다.

런던의 외식음료업 전체 매출 가운데 절반 이상이 애프터눈 티 상품에서 나온다는 통계도 있다. 그만큼 애프터눈 티 산업은 영국 관광산업의 핵심분야고, 영국인들이 자기들의 역량을 모두 기울여서 총력으로 매진하고 있는 식문화 사업이다.

홍차의 매력, 특히 영국 홍차 문화의 매력에 푹 빠진 한 사람으로서, 이러한 런던의 수많은 차 관련 명소들, 애프터눈 티타임을 위한 멋진 장소, 그리고 관광객으로 붐비는 핫플레이스 들을 소개하고자 하는 소박한 마음에서 이 책이 시작되었다. 그런데 책을 쓰면서 예상치 않았던 부러움의 감정을 가지게 되었다. 자국의 전통문화를 현대의 대표적인 산업으로 멋지게 탈바꿈시키고 있는 영국인들의 노력과 열정이 부러웠던 것이다. 이 책이 그런 면에서 작으나마 어떤 시사점이라도 줄 수 있다면 필자로서는 더없는 기쁨이겠다.

홍차를 사랑하는 이들에게는 이미 잘 알려진 이야기지만 애프터눈 티의 관습은 1840년경 제7대 베드포드 공작부인 안나 마리아 스틴홉스(Anna Maria 7th Duchess of Bedford)에 의해 시작되었다. 이 시기에 저녁 시간이 늦어지면서 오후 5시경 차와 함께 케이크나 과자 등 가벼운 다과를 즐기기 시작한 것이 하나의 관습으로 굳어지고 이어서 굳건한 문화로 형성되었다. 애프터눈 티 문화의 형성은 영국 여성들의 삶과 생각, 영국 가정의 문화에도 변화를 가져왔다. 우선 손님을 초대한 주부들은 자기 집안의 우아하고 격조 높은 품위와 분위기를 보여주기 위해 아름답고 우아한 다기와 테이블보 그리고 티푸드 등을 연출하는 데 심혈을 기울이게 되었다. 그러자 애프터눈 티는 단순한 유행을 넘어 도자기,

테이블 세팅, 의상, 음식, 예절문화 등의 연관 분야 발전까지 견인하게 되었고, 마침내 여성들의 삶의 방식까지 변화시키게 되었다.

이로써 애프터눈 티는 완전히 영국식 생활양식의 일부로 자리를 잡았다. 왕실과 귀족 층의 사적인 생활 습관에서 시작된 유행이 마침내 왕실부터 하층민에 이르기까지 전국민 이 즐기고 아끼는, 영국의 전통을 대표하는 식문화로 자리를 잡게 된 것이다.

애프터눈 티는 한 가정 내의 문화로만 머무르지도 않았다. 애프터눈 티와 하이 티는 집 이외의 장소에서도 즐길 수 있는 문화로 발전했다. 영국인들은 티룸과 같은 상업 공 간, 관광지, 기차나 배와 같은 운송수단, 스포츠 행사장 등 다양한 장소에서 홍차를 즐기 기 시작했다. 연극, 오페라, 영화, 콘서트를 관람하는 사이에, 또는 테니스나 크리켓, 보 트 등 운동경기를 즐기는 사이에도 잠시 티 브레이크(Tea break)를 가지면서 차를 마심으 로써 휴식과 기분전환의 기회를 가지게 되었다.

이렇게 애프터눈 티 문화가 사회적으로 급속히 확산되면서 가정에 머물던 티타임은 외식공간으로까지 옮겨가게 되었고, 이는 애프터눈 티 문화가 사회적, 예술적 가치를 지 닌 여가문화로 발전되었음을 의미하는 것이었다.

특히 여성들의 외출이 통제되던 19세기 중엽 처음 탄생한 티룸(Tea room)은 주 고객으 로 여성을 참여시킴으로써 영국 여성들을 사회적인 존재로 만들어갔다. 최초의 상업적인 티룸은 런던의 에어레이티드 제과점(Aerated Bread Company, 1862~1980)에서 처음 시작 되었는데, 1864년에 이 가게의 매니저가 제과점 안뜰에서 차와 간식을 제공하는 작은 티 룸을 만든 것이 시초다. 당시 이 티룸은 여성들이 주체가 되어, 남성의 보호나 에스코트 없이 차와 음식을 즐길 수 있는 곳으로 알려지면서 금방 유명세를 탔다.

차와 티푸드(Tea food)를 즐기면서 대화를 나누는 '티룸'은 차를 주제로 하는 외식공간 으로, 영국에서 일반적으로 쓰이는 단어 중 하나다. 그 이전인 18세기에 차문화와 레저 생활을 이끌어가던 티가든(Tea garden)이 시들해지면서 19세기 중반에 새로운 외식공간 으로 부상했다.

20세기에 들어서자 리버티, 헤로즈, 셀프리지, 바커스, 폰팅스 등에 쇼핑객들을 위한 티룸이 개설되었다. 특히 헤로즈(Harrods) 백화점은 쇼핑을 나온 상류층 여성 고객과 지 역 명사들을 위해 백화점 내에서 쇼핑을 하면서 동시에 휴식을 가질 수 있도록 식사, 티푸드, 차 등을 제공하는 그랜드 레스토랑(Grand Restaurant)과 락 티가든(Rock tea gardens)을 개점했다. 오케스트라의 연주 속에서 풍성한 티푸드와 함께 우아한 티타임을 가질 수 있는 티룸들은 즉각 백화점 고객들이 즐겨 찾는 공간이 되었다.

티룸은 상류층의 새로운 외식공간이자 사교를 위한 여가 장소로도 인기가 있었다. 리츠(Rits), 사보이(Savoy), 레인즈버러(lanesborough), 랭햄(Langham), 클라리지(Claridge's) 등 당시 고급 호텔들에는 각각의 개성을 살린 티룸들이 속속 개설되었다. 이들 티룸들은 저마다의 특징적인 인테리어 디자인, 음악 연주와 서비스 등으로 각기 다른 분위기를 연출하며 경쟁했다. 자체 블랜딩을 한 스페셜티 티, 맛있는 디저트와 케이크로 고객을 유치하는 등 다양한 스타일과 특별한 서비스로 고객을 맞았다. 특히 이 시대 여성들은 티룸을 통해 집 밖에서의 사교활동에 대한 욕구(needs)를 분출하며 당시 유행하던 여가문화를 누렸다.

티룸은 호텔, 백화점 등의 부대시설로 17~18세기에 유행하던 커피하우스처럼 독자적인 상업 공간으로 개설되어 20세기 초기 이후 호황을 누리게 되었다. 이후 유명 티룸들은 직원들의 서비스를 강화하였고, 연주회, 티댄스, 탱고 등의 서비스를 추가한 신개념 문화복합공간으로 변신했다.

1, 2차 세계대전을 거치는 동안에는 세계적인 경제 불황과 침체로 외식산업 전체가 전반적으로 가라앉고 위축되었다. 그러나 영국의 전통을 가장 잘 표현한 관광상품이 애프터눈 티라는 것에 착안한 외식업체, 호텔, 백화점 등에서는 차츰 애프터눈 티 서비스를 다시 제공하기 시작했다. 여러 상업공간에서 티룸은 차와 다과 외에도 커피나 샴페인 등 다양한 음료와 가벼운 식사까지 해결할 수 있는 등 한층 다양해진 메뉴를 선보였고, 티룸마다 독특한 공간 디자인과 티푸드로 고객을 맞이했다.

21세기에 들어서면서 외식은 일시적인 유행이 아니라 뚜렷한 문화 현상으로 자리를 잡아 갔다. 외식산업의 중요성은 더욱 커졌고, 티룸과 카페들은 좋은 품질의 차와 다과를 경쟁적으로 더욱 세련되게 제공하고, 특색 있는 인테리어 디자인과 친절한 서비스에도 세심한 신경을 쓰게 되었다.

런던 여행에서 이러한 영국식 애프터눈 티를 경험해보는 것은 현지의 전통문화를 체험해보는 가장 좋은 선택 중 하나가 될 수 있겠다. 그리고 기억할만한 가치가 있는 시간

이 될 것이라 생각한다.

　런던의 차 산업 현장과 애프터눈 티 체험 결과를 지면으로 전달해야 하는 만큼 두 분의 사진작가를 섭외하여 런던의 차 명소들, 티타임의 순간과 장면을 필자와 함께 발로 뛰면서 렌즈에 담았다. 열정과 땀으로 촬영에 임해주신 길원혜, 원소연 작가님께 깊이 감사드린다. 그리고 존경하고 사랑하는 어머니 임영중 여사에게 이 책을 헌정해드리고자 한다.

2020년 가을
송은숙

차 례

책머리에 · 4

01 버클리호텔_콜린스 룸 ──────────── 14
02 비스키티에 ──────────────── 18
03 블룸즈버리 호텔_댈러웨이 테라스 ──── 22
04 애프터눈 티 버스와 유람선 ──────── 28
05 클라리지 호텔_포이어 앤 리딩 룸 ───── 34

TEA & STORY 01 차의 기원과 전파 차는 어떻게 세계를 지배하게 되었나? 40

06 코너트 호텔_장 조지 티룸 ──────── 42
07 코린시아 호텔_크리스탈 문 라운지 ──── 46
08 도체스터 호텔_프로미네이드 ────── 50
09 포트넘 앤 메이슨_다이아몬드 주빌리 ─── 56
10 고링 호텔 ──────────────── 62

TEA & STORY 02 6대 다류와 홍차의 탄생 중국에서 탄생한 유럽인을 위한 차 ───── 68

11 카페 로열 호텔_오스카 와일드 라운지 ── 70
12 켄싱턴궁_오랑제리 ─────────── 74
13 레인즈버러 호텔_셀레스트 ─────── 80
14 랭햄 호텔_팜 코트 ──────────── 86
15 마일스톤 호텔_파크 라운지 ─────── 90

TEA & STORY 03 영국 홍차의 시작 캐서린 브라간자와 '차에 미친 부인들' ──── 94

16 원 알드위치 ·············· 96

17 넘버 식스틴 호텔 ·············· 100

18 피터샴 너셔리 ·············· 106

19 리츠 호텔 ·············· 112

20 샌드슨 호텔 ·············· 118

TEA & STORY 04 홍차 명가들의 탄생 왕실 지정 홍차 가게와 요업들 ·············· 124

21 사보이 호텔_템즈 포이어 ·············· 126

22 월레스 컬렉션 ·············· 132

23 빅토리아 & 알버트 뮤지엄_모리스 룸 ·············· 136

24 해로즈 백화점 ·············· 142

25 스케치 ·············· 146

TEA & STORY 05 홍차와 전쟁 보스턴 티 파티와 아편전쟁 ·············· 152

26 르 메르디앙 피카딜리 ·············· 156

27 아쿠아 샤드 ·············· 160

28 켄싱턴 호텔 ·············· 166

29 100 퀸즈 게이트 호텔 ·············· 170

30 큐 가든_오랑제리 ·············· 174

TEA & STORY 06 애프터눈 티의 탄생 제7대 공작부인 안나 러셀 ·············· 180

31 첼시 피직 가든 ·············· 182

32 디 오리지널 메이드 오브 아너 ·············· 188

33 윌로우 룸 ·············· 192

34 파크 플라자 호텔_일식당 이치(Ichi) ·············· 196

35 밀레니엄 호텔_르 시누아 ·············· 200

TEA & STORY 07 영국의 티 타임 문화 전투 중에도 홍차 마시는 영국인들 ·············· 204

36 마리아쥬 프레르 206

37 동인도회사 212

38 TWG 216

39 위타드 오브 첼시 222

40 T2 Tea 228

TEA & STORY 08 홍차 도구 애프터눈 티의 도구들 232

41 트와이닝스 234

42 포스트카드 티 238

43 카멜리아 티 하우스 242

44 코벤트 가든의 티 하우스 246

45 야우아차 250

TEA & STORY 09 티푸드 애프터눈 티의 티푸드들 254

46 라뒤레 256

47 하우스 오브 프레이저 260

48 리버티 백화점 264

49 셀프리지 268

50 스카이 가든 270

TEA & STORY 10 홍차의 종류 스프레이트 티와 블렌디드 티 276

51 어반 티룸 278

52 런던 리뷰 북샵 282

53 처칠 암스 286

54 허밍버드 베이커리 290

55 페기 포센 294

TEA & STORY 11 홍차의 등급 찻잎 크기와 홍차의 등급 298

56 EL&N 300

57 페 메종 304

58 몬머스 커피 308

TEA & STORY 12 골든 룰 논쟁 차가 먼저냐 우유가 먼저냐 310

59 카페 네로 312

60 프레타 망제 314

61 코스타 커피 316

TEA & STORY 13 홍차 우리기의 실제 오늘날의 골든 룰 318

참고문헌 · 320

※ 아이콘 일람표

🏠 주소 ☎ 전화번호 🌐 홈페이지 주소 🕐 영업시간 👗 드레스 코드 🚇 전철역 📷 주변 볼거리 📅 예약 가능일

MAP OF LONDON

01 버클리호텔

02 비스키티에

03 블룸즈버리 호텔

04 애프터눈 티 버스와 유람선

05 클라리지 호텔

06 코너트 호텔

07 코린시아 호텔

08 도체스터 호텔

09 포트넘 앤 메이슨_다이아몬드 주빌리

10 고링 호텔

11 카페 로열 호텔

12 켄싱턴궁

13 레인즈버러 호텔

14 랭함 호텔

15 마일스톤 호텔

16 원 알드위치

17 넘버 식스틴 호텔

19 리츠 호텔

20 샌드슨 호텔

21 사보이 호텔_템즈 포이어

22 월레스 컬렉션

23 빅토리아 & 알버트 뮤지엄

24 해로즈 백화점

25 스케치

26 르 메르디앙 피카딜리

27 아쿠아 샤드

28 켄싱턴 호텔

29 100 퀸즈 게이트 호텔

- 33 윌로우 룸
- 34 파크 플라자 호텔
- 35 밀레니엄 호텔
- 36 코벤트 가든_마리아쥬 프레르
- 37 동인도회사
- 38 TWG
- 39 위타드 오브 첼시
- 40 T2 Tea
- 41 트와이닝스
- 42 포스트카드 티
- 43 카멜리아 티 하우스
- 44 코벤트 가든의 티 하우스
- 45 야우아차
- 46 라뒤레
- 47 하우스 오브 프레이저
- 48 리버티 백화점

- 49 셀프리지
- 50 스카이 가든
- 51 어반 티룸
- 52 런던 리뷰 북샵
- 53 처칠 암스
- 54 허밍버드 베이커리
- 55 페기 포셴
- 56 EL&N
- 57 페 메종
- 58 몬머스 커피

패션? 입는 게 아니라 먹는다!

런던 한복판에 위치한 5성급 호텔 버클리The Berkeley의 '콜린스 룸Collins Room'은 세상에서 가장 화려한 애프터눈 티를 제공하는 티룸으로 유명하다. 고급 티룸의 티푸드들은 저마다의 독특한 맛과 모양으로 개성을 자랑하는 것이 보통이긴 하지만, 콜린스 룸의 티푸드는 기본 컨셉트 자체가 워낙 독특하다.

전설적인 실내장식 디자이너 데이비드 콜린스의 이름을 사용한 티룸으로 이 티룸은 콜린스 스튜디오의 대표이자 콜린스의 제자인 로버트 엔젤이 실내장식을 디자인했다. 런던의 하늘을 표현한 밝은 보랏빛 회색을 주조색으로 통일감 있게 디자인되어 있다. 버클

리의 파사드 입구와 티룸 테라스는 2016년에 최첨단 건축기술을 이용하여 유리 파빌리온으로 바깥 부분을 확장하였다. 이 곳에서는 패션계 인사들이나 현란한 패션 피플들의 끊임없는 수다에 티룸이 시끌벅적하게 느껴질 때도 있을 정도이다.

애프터눈 티가 제공되면서 일반적으로 애프터눈 티 디저트에 대한 간단한 설명이 제공되는데 버클리의 콜린스 티룸에서는 패션과 디저트를 연계해서 설명해주고 디올 향수병에 담긴 음료를 살짝 뿌리면서 디저트에 대한 안내가 시작된다.

버클리의 애프터눈 티 세트는 콜린스 티룸의 주조색인 보랏빛 회색의 다이아몬드 문양 티웨어에 담겨져 나온다. 화사한 이 다구들은 웨지우드사에서 콜린스 티룸을 위해서 제작한 고유 디자인의 다구들로, 프레타 포르테 티타임에 유쾌한 화려함을 더해준다.

버클리는 고객용 아이패드를 도입한 영국 최초의 호텔이기도 한데, 메뉴는 아이패드로도 주문이 가능하고 그 해의 프레타 포르테 패션 화보집을 함께 볼 수 있도록 제공된다. 이는 버클리의 콜린스 티룸이 세계적 패션 피플들의 성지가 된 이유이기도 하다. 버클리의 아뮤즈 부쉬는 맛있기로 정평이 나있고 다음에 등장할 달콤한 패션 디저트들을 기대하게 만드는 맛이다. 크리스챤 디올, 톰 포드, 스텔라 매카트니, 미우 프라다의 작품에서 영감을 받은 아이싱 쿠키나 핸드백 모양 또는 드레스 모양의 케이크들, 연분홍 프릴 드레스의 아이스크림, 마놀로 블라닉, 지미 추의 스트레토 힐 구두 모양 쿠키 등의 현란하고 기발한 패션 디저트를 차와 함께 맛볼 수 있다. 매해 최고의 미슐랭 스타

셰프들의 고심 속에 만들어지는 패션 디저트들은 화려한 모양 만큼이나 맛도 뛰어나다.

한마디로 최고급 티푸드와 최고급 패션fashion의 콜라보레이션을 통해 매 시즌마다 선보이는 최신 패션 아이템들을 그대로 모사한 케이크나 과자 등이 애프터눈 티 테이블 위에 티푸드로 그대로 재현되는 셈이다. 티룸의 이름에 등장하는 콜린스는 영미권에서 이름이 널리 알려진 인테리어 디자이너다. 최고 디자이너가 만든 티룸에서, 최고의 패션 디자이너들이 내놓은 최신 아이템을, 버클리 호텔의 푸드 디자이너들이 만들어 제공하는 셈이다. 그래서 이 티룸의 애프터눈 티는 그냥 애프터눈 티가 아니라 '프레타 포르티Prêt-à-Portea'라는 별칭으로 더 유명하다. 이는 '프레타 포르테Prêt-à-Porter와 '티tea'의 합성어로, 프레타 포르테는 세계적인 디자이너들이 모여서 여는 유럽의 패션쇼를 말하고, 파리에서 열리는 오트 쿠튀르Haute coutur와 패션쇼의 양대 산맥을 이루고 있다. 후자가 개인 맞춤복 패션쇼라면 전자는 기성복 패션쇼라고 할 수 있는데, 당연히 전자 역시 싸구려 기성복 패션쇼가 아니라 캘빈 클라인, 조르지오 아르마니, 질 샌더, 톰 포드, 안나 수이, 미우치아 프라다 등의 명품들이 참여하는 패션쇼다.

버클리 호텔의 콜린스 룸은 이처럼 최첨단 패션과 애프터눈 티를 결합한 새로운 콘셉트의 홍차와 티푸드를 선보이고 있는데, 그래서 그런지 전통보다는 첨단과 미래에 방점을 두고 있다. 애프터눈 티에 당연히 포함될 것 같은 스콘이 포함되지 않는 이유 역시 그런 측면을 보여주는 것이다. 대신 매년 봄과 가을에 최신 패션 트렌드를 반영한 티푸드들이 새로 선보인다. 6개월을 주기로 전혀 다른 티푸드로 교체되는 것이다.

홍차만 나오는 기본 '프레타 포르티'는 1인당 60파운드, 여기에 샴페인이 추가되는 '샴페인 포르타 포르티'는 1인당 70파운드 수준이다. 티푸드가 워낙 인상적이어서 홍차 자체에는 관심을 덜 가지게 되는 것이 보통인데, 홍차의 색향미 역시 최고 수준을 보여준다.

밝고 쾌적한 분위기에서 런던 중심지의 한낮 표정을 만끽하며 즐기는 프레타포르티는 최고급 애프터눈 티의 진수를 보여주기에 손색이 없다.

🏠 Wilton Place, Knightsbridge, London SWIX 7RL ☎ +44 (0)20 7107 8866 🌐 www.the-berkeley.co.uk
🕐 13:00~17:30 👔 elegant smart casual(반바지, 속옷, 스포츠 의류, 샌들, 찢어진 청바지, 야구모자 불가) 🚇 Knightsbridge, Hyde Park Corner 📍 Harvey Nichols, Harrods, Hyde Park, Green Park, Sloane Street and Knightsbridge designer shopping, Natural History Muscum, Science Museum, Royal Albert Hall 🎫 90일 전부터 예약

세상 모든 달콤함의 아이콘

'비스키티에Biscuiteers'는 천편일률적인 공장 생산의 비스킷에 익숙한 우리나라의 보통 사람들에게는 보는 순간 엄청난 충격을 안겨주기에 충분한 비스킷 전문점이다. 동물과 각종 캐릭터, 영국과 런던의 각종 상징물들을 형형색색의 수제 비스킷으로 만들어 판매한다. 이때의 비스킷은 우리나라 사람들에게는 사실 쿠키로 인식되는 과자류다. 가게 안에 들어서면 그야말로 인형의 집에 들어온 듯한 착각을 불러 일으킨다.

다채로운 모양 쿠키의 창의성과 유연성에 착안했던 헤리엇 헤이스팅스Harriet Hastings는 남편과 함께 아이싱 쿠키(디자인 비스킷)를 출시하는 '비스키티에' 브랜드를 공동 창립했다. 아이싱 쿠키 박스는 작은 디자인 컬렉션처럼 음식 선물용 박스로 만들어져서 해로즈, 셀프리지 같은 유명 백화점에서 큰 성공을 거두었다. 이후에 구찌, 버버리, 카르티에

같은 기업에 이미지 맞춤디자인 쿠키도 공급하게 되었고, 이를 바탕으로 노팅힐에 비스키티에 카페를 열었다.

2013년에는 가장 빠르게 성장하는 영국 기업에 선정되기도 했다. 2017에는 런던 최초로 비스킷 전시회를 열어 정교한 3D 비스킷을 선보였고 헤리엇 헤이스팅스는 '비스키티에' 특유의 독창적인 디자인을 담은 아이싱 쿠키 요리책들도 출간했다. 비스키티에 쿠키는 100개 국가 이상에서 사랑받는 쿠키

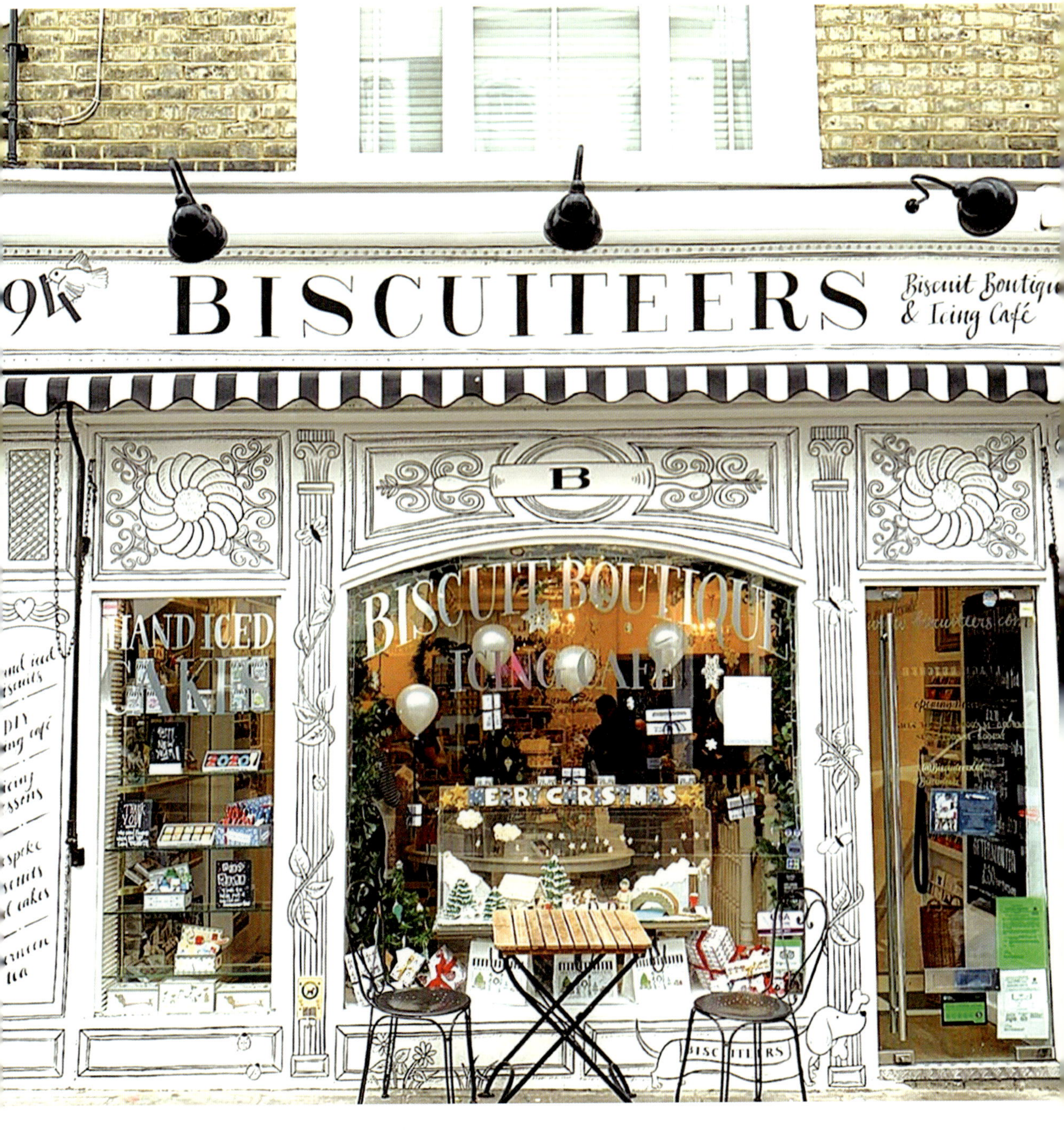

브랜드로 성장했으며 결혼식, 생일파티, 베이비 샤워 등 각종 기념일에 맞춤 쿠키로 인기가 높다.

비스킷이 주력 상품이지만 각종 케이크와 샌드위치, 스콘 등도 만들어 팔고 있다. 소금에 절인 카라멜 브라우니, 빅토리아 시대의 전통 스펀지 케이크 등도 인기여서 영국 전역은 물론 해외에서도 택배 주문이 쇄도할 만큼 명성이 자자하다. 비스킷 자체도 화려하고 예뻐서 '이걸 어떻게 먹나' 하는 걱정이 들지만, 이를 포장하는 포장지, 캔, 박스, 쇼핑백까지 그 자체로 작품이라고 할 수 있을 정도로 예쁘다는 평가를 받는다. 가게의 인테리어나 구성 역시 보는 이의 눈을 현혹시킨다. 초콜릿이나 단 과자류를 좋아하는 사람들이라면 차와 상관없이도 많이 찾게 된다.

비스킷류 판매 외에 이 가게에서 자랑하는 두 가지가 더 있다. 우선 비스킷과 각종 티푸드를 곁들인 애프터눈 티 메뉴다. 눈을 고정시키기 어려울 정도로 화려하고 예쁜 가게에서 각종 티푸드와 함께 영국식 애프터눈 티의 전형을 즐길 수 있다. 1인당 30파운드이며 1시간 30분 동안 진행된다.

다른 하나는 비스킷 만들기 교실이다. 간판에 보면 '아이싱 카페Icing Cafe'라는 말로 가게를 설명하고 있는데, 아이싱은 비스킷 등의 과자나 빵 겉면에 당의糖衣로 코팅하는 것을 말한다. 당의는 설탕과 계란의 흰자위로 만드는데, 기본 비스킷 위에 형형색색의 데코레이션을 하고 마지막으로 아이싱 하는 과정을 가르치고 배우는 교실이다.

가게가 위치한 곳은 노팅힐로, 런던의 대표적인 부촌이자 일종의 풍물시장이라고도 할 수 있는 포르토벨로 로드Portobello Road 안에 있다. 포르토벨로 로드에는 과일과 빵에서 포스터, 빈티지 옷, 도자기, 음반에 이르기까지 세상 모든 것을 판매하는 노점들이 즐비한데, 주말이면 발 디딜 틈을 찾기 어려운 곳이다.

🏠 194 Kensington Park Road, Notting Hill, London W11 2ES 📞 +44 (0)20 7727 8096 🌐 www.biscuiteers.com 🕐 월~토 10:30~16:00, 일 11:30~16:00 🚇 Ladbroke Grove, Westbourne Park 🔵 Portobello Road, Notting Hill 📅 60일 전부터 예약

런던 한복판에서 즐기는 여유와 달콤함

런던 방문자들의 필수 견학 코스 가운데 하나가 대영박물관인데, 블룸즈버리Bloomsbury 호텔은 이 박물관에서 멀지 않은 곳에 위치하고 있다. 옥스포드 거리Oxford Street도 지척이다. 이 호텔의 1층에 위치한 댈러웨이 테라스Dalloway Terrace는 식당과 티룸을 겸한 곳으로, 레스토랑 이름에 들어간 '댈러웨이'는 작가 버지니아 울프 Adeline Virginia Woolf(1882~1941)의 대표작『댈러웨이 부인Mrs. Dalloway』에 나오는 주인공 이름이다. 이 소설이 발표된 것은 1925년으로, 이 당시 울프와 그녀의 벗들이 만나 차를 마시고 담소를 나누며 문학과 철학을 토론하던 장소라는 의미다. 그런데 최근 잡지《보그》는 이 레스토랑을 '세계 최고의 인스타그램 성지'로 선정했다. 그만큼 사진 찍기 좋은 장소라는 의미

"Mrs Dalloway is always giving parties to cover the silence"

WELCOME TO

THE CORAL ROOM

고, 전통과 유행의 최첨단을 동시에 갖춘 레스토랑이라는 뜻이다. 실제로 런던 도심 한가운데 위치하여 접근성이 좋고, 수시로 최고급 인테리어로 교체되기 때문에 많은 방문객들로 항상 붐비는 곳이다.

댈러웨이 테라스는 이름 그대로 실내와 실외의 중간, 테라스 분위기를 인테리어의 기본 컨셉트로 하는 티룸이다. 쾌청한 날이 많지 않은 런던의 시민들은 사실 사계절 내내 햇볕에 목말라 있다. 런던과 교외의 가든 곳곳에 옥외 티룸들이 있는 이유도 이와 무관치 않다. 햇볕이 따사로운 날이면 다들 이런 야외의 쨍쨍한 햇볕 아래서 차를 즐긴다. 우리나라 사람들이라면 당연히 그늘로 숨고 싶은 날씨지만 런던 사람들은 기꺼이 햇볕 아래로 나가는 것이다. 이런 시민들의 욕구를 해결해줄 수 있는 방식의 하나로 댈러웨이 테라스는 실내 공간이면서도 실외의 분위기를 살려 인테리어를 장식하는 것이다. 인테리어에 많은 신경을 쓴 결과 이 티룸은 낮에는 가장 밝고 화려한 찻집, 밤에는 가장 아늑하고 고즈넉한 찻집이라는 명성을 얻게 되었고, 전세계에서 블로거들이며 인스타그래머들이 몰려오게 된 것이다.

댈러웨이 테라스는 봄과 여름에는 꽃이 흐드러지게 장식 되고 가을에는 단풍잎으로 뒤덮여 운치가 있는 공간으로 바뀐다. 겨울에는 눈 쌓인 트리 장식에 맞추어 애프터눈 티 디저트 장식도 컨셉을 바꾸어 연말 연시의 분위기를 연출해준다. 손님을 맞기 위해 직접 꽃을 사고 파티를 준비하던 우아한 댈러웨이 부인이 연상되는 부분이다.

홍차와 애프터눈 티 외에 백차, 녹차, 청차 등 다양한 차들과 허브티를 판매하고 있으며, 애프터눈 티의 경우 1인당 40파운드이다.

🏠 16–22 Great Russell Street, Bloomsbury, London WC1B 3NN　📞 +44 (0)20 7347 1221　🌐 www. dallowayterrace.com　🕐 12:00~16:00　🚇 Tottenham Court Road　📍 British Museum, Oxford Street, Charing Cross Road　📅 14일 전부터 예약

04 애프터눈 티 버스와 유람선

런던 관광과 애프터눈 티를 한 번에

런던에 단 하루밖에 체류할 수 없다면 어떤 일정을 짜야 할까? 가볼 곳은 많고 애프터눈 티도 빼놓을 수 없는 사람들을 위해 두 마리 토끼를 한꺼번에 잡을 수 있는 방법이 있다. 애프터눈 티가 제공되는 버스와 유람선을 이용하는 방법이다. 버스나 유람선은 어느 도시에나 있지만, 애프터눈 티가 제공되는 버스와 유람선은 런던에서만 체험할 수 있는 특별한 경험이다.

이 특별한 서비스를 제공하는 업체는 브릿지스 베이커리Bright's Bakery로, 런던의 중심지구인 코벤트 가든Covent Garden에 매장이 있다. 물론 여기서도 애프터눈 티를 즐길

수 있다. 채소와 과일을 전문으로 하는 도매시장이 인근에 있고, '코벤트 가든'으로도 불리는 로열 오페라 하우스Royal Opera House도 가깝다. 런던 외에 바스Bath에도 매장이 있다.

이 베이커리는 독특하게 '움직이는 티룸'도 함께 운영하는데, 먼저 버스를 이용하여 런던 중심부를 관광하는 버스 투어가 있다. 런던의 상징이 된 빨간색 2층 버스를 타고 애프터눈 티를 즐기며 빅벤, 국회의사당, 웨스트민스터 사원, 세인트 제임스 파크, 하이드 파크, 로얄알버트 홀, 대리석 아치, 넬슨의 기둥, 다우닝 스트리트 등 런던의 유명한 명소들을 한눈에 볼 수 있다. 버스 안에서 즐기는 홍차인 만큼 최고급 도자기 대신 텀블러에 차가 제공되는데 맛이 괜찮다. 게다가 기대보다 뛰어난 티푸드들이 엄청 많이 제공된다. 텀블러와 남은 티푸드는 포장해서 가져갈 수도 있다. 버스는 12시 30분과 15시에 노스엄버랜드 거리Northumberland Avenue 8번지에서 출발하여 트라팔가Trafalgar 광장에서 하차하는 코스와 12시, 14시 30분, 17시에 빅토리아 코치역Victoria Coach Station에서 출발하는 코스가 있다. 1인당 45파운드부터 시작하는데, 예약 시 선택한 자리에 따라 요금이 다르다. 예약을 할 때는 가급적 왼쪽 좌석을 택해야 더 많은 볼거리를 즐길 수 있다.

이 버스의 애프터눈 티는 브리짓 베이커리에서 운영해서 비비 버스라고 불리운다. 버스에서 음식이 흔들리지 않도록 미끄럼 방지 세팅이 되어 있다. 대부분이 관광객들이어서 다소 들뜬 분위기로 애프터눈 티타임과 함께 샴페인 잔을 기울이며 '치얼스'를 외치기도 한다.

보트 투어는 여름에 한시적으로 진행되는데, 빈티지 요트를 타고 템즈강을 따라 역시 런던의 명소들을 돌아보는 방식이다. 유람선은 14시에 런던브리지 인근 버틀러부두 교각에서 출발하며, 시간은 약 2시간이다. 유람선 갑판 위에서 애프터눈 티를 즐기며 런던의 핵심을 마음껏 즐길 수 있다. 홍차 외에 티푸드로 샌드위치, 미니 키슈, 작은 컵케이크, 스콘, 마카롱 등이 제공되며, 1인당 75파운드부터 시작한다. 매우 매력적인 투어 겸 애프터눈 티 체험이 될 수 있는데, 여름에 한시적으로만 운영되기 때문에 관광객이 예약하기 쉽지 않다는 단점이 있다.

☎ +44 (0)20 3026 1188 🌐 www.b-bakery.com 🚌 [버스투어예약] https://london.b-bakery.com/afternoon-tea-london/afternoon-tea-bus-london-tour/ [보트투어예약] https://london.b-bakery.com/afternoon-tea-london/thames-cruise-afternoon-tea/

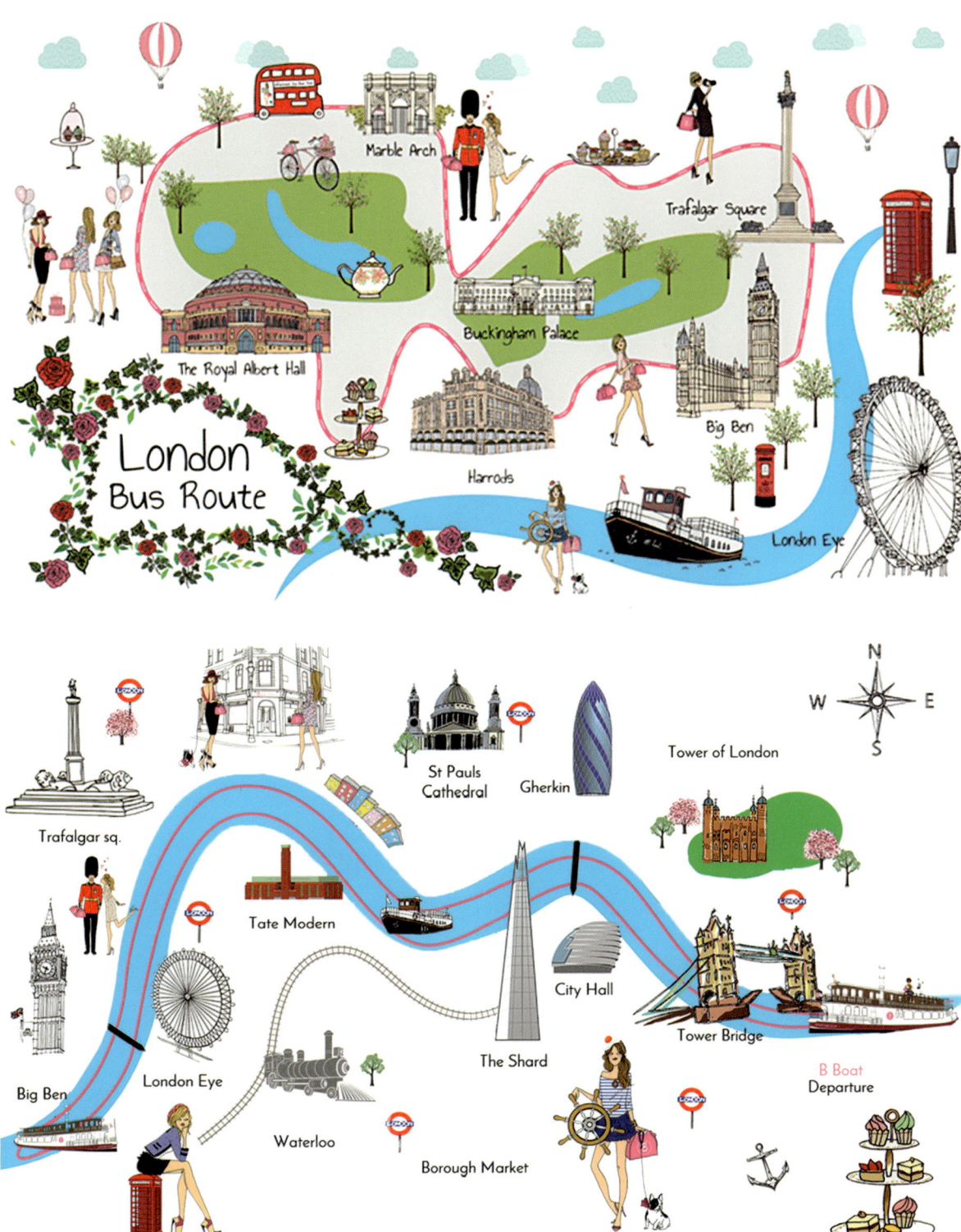

London
Bus Route

Marble Arch

Trafalgar Square

Buckingham Palace

The Royal Albert Hall

Big Ben

Harrods

London Eye

Trafalgar sq.

St Pauls
Cathedral

Gherkin

Tower of London

Tate Modern

City Hall

Tower Bridge

Big Ben

London Eye

The Shard

B Boat
Departure

Waterloo

Borough Market

5성급 럭셔리 호텔의 5감 만족 애프터눈 티

세계적인 도시인 런던에는 당연히 오래되고 규모도 큰 5성급 호텔들이 즐비하다. 하지만 이런 5성급 호텔 중에서도 역사와 품격에서 단연 수위에 드는 호텔이 메이페어Mayfair의 중심부에 위치한 클라리지Claridge's 호텔이다. 19세기부터 영국 왕실 사람들이 드나들고, 당대의 귀족계층과 유명인사들이 가장 많이 찾는 곳이었다. 20세기에도 이런 명성이 이어져 최고위직 정치인들은 물론 수많은 예술가와 연예인들이 이곳에서 먹고 자고 차를 마셨다. 젊은 시절의 엘리자베스 여왕이 이곳에서 티파티를 열기도 했단다. 영국 사람들

뿐만이 아니다. 2차대전 전후로 피난을 온 유럽 각국의 왕실이 이 호텔에 여장을 풀었고, 2차대전 후에는 헐리우드 스타들이 대거 몰려들었다. 캐리 그랜트, 캐서린 헵번, 오드리 헵번, 율 브린너 등이 그런 스타들이고, 더러는 이 호텔에서 생일파티 등을 열기도 했다. 클라리지 호텔의 이런 고급화 전략은 지금도 이어져서 어지간한 부호가 아니면 이 호텔에서의 하룻밤은 꿈도 꾸기 어렵다.

클라리지 부인이 소유한 작은 호텔과 옆 건물인 런던의 전통적 테라스하우스가 합쳐져서 지금의 클라리지가 운영되기 시작하였다. 이 곳은 1860년 프랑스의 유제니 황후(나폴레옹 3세의 황후)가 장기간 머물면서 빅토리아 여왕과의 돈독한 사교를 나눈 곳으로 알려져 있다.

티룸인 포이어 앤 리딩 룸Foyer & Reading Room은 로비 옆에 책을 읽을 수 있는 서재가 꾸며져 있고 로비를 지나서 코린트 양식의 대리석 기둥과 대형 아치 입구를 지나면 티룸에 들어선다. 티룸 내부는 중앙에 대형 꽃장식이 놓여 있고 모던한 창문 모양의 거울 벽장식이 조화롭게 연출되어 있다. 티에리 데스팡Tierry Despont이 디자인한 아름다운 아르데코 철제 장식문으로 연결되어 있는 안쪽에는 아늑한 파티션과 아르데코풍 여인들의 포스터들로 유명하다.

클라리지 애프터눈 티 테이블은 소형 스탠드 장식과 클라리지의 특별 디자인인 베르나르도의 다구들로 연출된다. 프랑스 유제니 왕후와 빅토리아 여왕의 사교에서 영감을 받은 세이지 그린의 넓은 스트라이프 찻잔과 티팟은 디저트와 각종 차들을 더욱 빛이 나게 해준다. 클라리지에는 다양한 차들이 준비되어 있지만 영국 내의 유일한 차 산지인 트레고스난 지역에서 채엽된 찻잎으로 만든 트레고스난 코니쉬 얼 그레이를 경험할 기회를 가질 수 있다.

호텔은 그만큼 우아하고 아름다우며 품격을 갖추고 있다. 벽돌 한 장에도 역사가 담겨 있고, 대리석 한 장에도 예술이 녹아 있다. 수시로 바뀌는 이 호텔의 화려한 꽃장식도 유명해서 일부러 이를 보려는 사람들이 몰려들 정도다. 그야말로 우아하고 럭셔리한 호텔의 전형이다.

이런 클라리지 호텔의 대표적인 자랑거리 중 하나가 애프터눈 티다. 최고급 샹들리에와 화려한 꽃장식, 우아한 클래식 음악이 울려 퍼지는 가운데 런던의 정통 애프터눈 티를 즐길 수 있다. 홍차 외에 백차와 우롱차 등 30여 종의 최고급 차를 제공하고 있으며, 티

푸드 또한 150년 역사의 티룸답게 풍성하고 우아하며 예술적이고 뛰어나다. 스콘의 경우 다른 어떤 티룸의 그것보다 뛰어나다는 평을 듣고 있으며, 연어 샌드위치 등은 다른 곳에서는 아예 맛볼 수 없는 특별한 티푸드다. 정통 애프터눈 티는 1인당 60파운드(평일 기준)이며, 주말에는 2개월 이상 예약이 밀려 있기 때문에 최대한 서둘러 예약을 해야 한다.

🏠 Brook Street, Mayfair, London W1K 4HR ☎ +44 (0)20 7629 8860 🌐 www.claridges.co.uk 🕐 매 일 14:45, 15:00, 15:15, 15:30, 16:45, 17:00, 17:15, 17:30. 🚇 Bond Street 🔵 Wallace Collection, Bond Street, Regent Street, Green Park, Hyde Park 🛎 90일 전부터 예약 가능

차는 어떻게 세계를 지배하게 되었나?

차나무의 원산지는 중국이고, 최초로 차를 마신 것도 중국인들이었다. 중국의 운남성에서는 3,200년 된 차나무가 발견되어 가장 오래된 차나무로 기네스북에 등재되었고, 차나무의 화석도 발견되었다. 한때 인도와 중국 가운데 차나무의 원산지가 어디인가를 둘러싸고 경쟁이 일었지만 대체로 중국을 차나무의 원산지로 보는 견해가 점점 우세해지고 있다.

누가 처음 차를 마시기 시작했는지는 고대의 기록이 없어 알 수 없다. 기록이 없으니 전설이 생겨났는데, 신화시대의 인물인 신농씨(神農氏)가 그 주인공이다. 신농씨는 백성들에게 호미 사용법을 가르쳐준 농사의 신이자 불의 신이며, 독초와 약초를 구분한 의약의 신이기도 하다. 사람의 머리에 소의 몸를 하고 있었다고 하는데, 어느 날 독초에 중독이 되었다가 찻잎으로 치료를 하게 되면서 처음 차의 효능을 알고 마시게 되었다고 한다. 이런 전설은 초기의 차가 기호음료보다는 약재로 이용되었음을 시사하는 것이다. 차에는 실제로도 강력한 해독작용이 있다.

이처럼 중국에서 시작된 음다문화는 세계 제국 당(唐)나라 시기에 이르러 절정을 맞으며 주변국으로 전파되기 시작했다. 이때 중국에서는 육우(陸羽, ?~804)라는 인물이 나타나 기존의 차 관련 제반 지식을 집대성하고 새로운 차 문화의 전형을 제시한 『다경(茶經)』을 편찬했다. 이 책은 지금까지도 차의 교과서처럼 여겨지고 있으며, 중국의 차인들은 육우를 다성(茶聖)으로 추앙한다.

우리나라의 경우 828년에 당나라에 사신으로 갔던 대렴(大廉)이 차 종자를 가져왔고, 왕의 명으로 이를 지리산에 심었다고 정사인 『삼국사기』에 전한다. 지리산의 어디인지는 확실치 않은데, 경남 하동군과 전남 구례군이 각각 쌍계사 인근과 화엄사 인근이 '차 시배지'라고 주장하

차 문화를 최초로 체계화한 육우의 상

음다법을 처음 발견했다는 신농씨

며 기념비를 세웠다. 하지만 이것은 우리나라 최초의 차 관련 기록은 아니며 최소한 선덕여왕(재위 632~647) 때부터 차가 있었다고 하고, 가야의 김수로왕(金首露王)에게 시집을 온 인도 출신의 허황옥이 차 씨앗을 처음 가져왔을 것이라는 주장도 있다. 이렇게 전래된 차는 통일신라와 고려시대에 불교의 융성과 함께 크게 성행하여 고려 때에는 길거리에서 차를 파는 다점(茶店)까지 나타나게 되었다.

일본의 경우 당나라 유학승 구카이(空海)가 806년에 차

씨앗을 들여와 히요시다원(日吉茶園)을 만들었다는 이야기가 전하나 기록이 확실한 것은 아니며, 대략 12세기 초에 유학승 에이사이(榮西)가 중국에서 많은 양의 차 씨앗을 들여와 차나무 재배가 본격화되었다는 것이 정설로 인정되고 있다.

티베트의 경우 당나라 왕실의 공주인 문성공주(文成公主, 625?~680)가 티베트의 초대 국왕인 송찬간보(松贊干布)에게 시집을 가면서부터 차가 전파된 것으로 추정된다. 당시 당나라의 선진 문물이 티베트에 대량으로 유입되었고, 그 가운데 차도 포함되어 있었을 것으로 보는 것이다. 음다에 익숙한 공주가 이웃 나라 왕과 결혼을 하면서 차 문화가 함께 전파되는 이런 역사는 훗날 영국에서 그대로 되풀이된다.

몽골의 경우 중원을 지배했던 원(元)나라 시대인 13세기에 이르러서야 뒤늦게 차가 전파되었다.

이처럼 동양권에서만 애음되던 차가 최초로 서양에 소개된 것은 16세기의 일이다. 대항해 시대가 펼쳐지면서 동서양 문물의 교류가 본격적으로 시작되었고, 차는 서양인들에게 가장 이색적이고 특이한 동양의 문화로 이해되었다. 유럽에 차를 처음 소개한 인물은 베네치아의 저술가인 G. 라무시오(Giovanni Battista Ramusio, 1487~1557)로, 그는 자신의 여행기에서 '중국에서는 나라 안 도처에서 차를 마신다. 열병, 두통, 관절의 통증에 효과가 있다, 통풍은 차로 치료할 수 있는 병 가운데 하나다. 과식했을 때도 이 달인 물을 마시면 소화가 된다'고 적었다.

이어서 네덜란드의 동양 연구가인 린스호틴(Jan Huyghen van Linschoten, 1563~1611)이 자신의 항해기에서 일본차를 상세히 소개했다. 그는 일본인들이 '두 개의 작은 나무 막대기(젓가락)로 식사를 하며 쌀로 빚은 술을 마신다'고 하고, 이어서 식사 뒤에는 어떤 특이한 음료를 마시는데, 이 음료는 작은 항아리에 담긴 뜨거운 물로 여름이건 겨울이건 참을 수 없을 정도로 뜨겁게 해서 마신다고 했다. 그러면서 일본인들은 이것을 '차'라고 부르며, 유럽인들이 보석을 중시하는 것처럼 일본인들은 이 차를 매우 귀중하게 여긴다고 했다.

린스호틴과 비슷한 시기에 활동하던 이탈리아의 수도사 마테오 리치(Matteo Ricci, 1552~1610)는 서한에서 중국차와 일본차의 차이를 설명하기도 했다. 그에 따르면 '일본인은 찻잎을 가루 내어 2~3스푼 넣고 뜨거운 물을 부은 후 휘저어 마시는 반면, 중국인은 찻잎을 뜨거운 물이 든 항아리에 넣어 우려낸 후 그 물을 마시고 찻잎은 남긴다'고 했다. 일본의 가루차와 중국의 엽차를 비교한 것이다.

차에 대한 지식이 아니라 실제의 차가 유럽에 전파된 것은 1609년 이후다. 이때 세계의 해상 제패권이 에스파냐와 포르투갈에서 네덜란드와 영국으로 넘어가게 되는데, 두 나라의 동인도회사는 동양의 차를 유럽 각국으로 운반하고 전파시켰다. 프랑스의 경우 1648년에, 독일의 경우 1635년에, 영국의 경우 1630년대 중반에 네덜란드의 동인도회사를 통하여 차가 처음 전파되었다. 이 당시 차를 수출하던 중국의 내표적인 무역항이 복건성의 샤먼(廈門)이란 도시로, '차'의 이 지역 방언인 '테'가 서양에 알려지면서 영어의 '티'와 불어의 '떼' 등이 차를 지칭하는 용어로 자리 잡게 되었다.

런던 한복판의 별천지

런던의 럭셔리한 5성급 호텔들 중에서도 역사와 전통을 자랑하는 대표적인 호텔 가운데 하나가 코너트 호텔The Connaught이다. 1815년에 문을 열었다니 200년이 넘었다. 왕실 사람들이 드나들던 최고급 호텔로 명성을 쌓았고, 2차대전 때는 프랑스의 드골 대통령이 이 호텔에 머물며 아이젠하워 장군과 상륙작전을 논의했다고 한다. 1960년대에는 '영국에서 가장 뛰어난 요리를 제공하는 호텔'이라는 명성을 얻었

는데, 당시 이 호텔의 요리사는 프랑스인 다니엘 듀나스Daniel Dunas였다. 1992년에는 엘리자베스 여왕과 찰스 왕자가 다녀갔고, 2007년에는 7,000만 파운드를 들여 대대적인 리뉴얼 공사를 진행했다. 2011년에는 세계적인 명성을 얻은 일본 건축가 안도 다다오가 '침묵'이라는 이름을 붙인 분수 등을 설치했다. 2019년에는 이 호텔의 바가 '세계 최고의 바' 2위를 차지했다.

화려하고 밝은 로비를 지나 티룸 '장 조지Jean-Georges'에 자리를 잡고 앉으면 호텔 외부의 전경이 한눈에 들어오는데, 활기차게 돌아가는 바깥세상과는 다른 별천지에 온 느낌이다.

코너트는 1917년 1차 세계대전 중에 빅토리아 여왕의 일곱 번째 자녀인 코너트 공작

아서 왕자의 칭호로 개명하고 재개장하였다. 셰프 장 조지의 이름으로 제공되는 애프터 눈 티 티룸에 들어서면 디스크 모양으로 낮게 드리운 유리 샹들리에가 먼저 눈에 뜨인다. 마치 UFO가 날아가는 것처럼 느껴지며 테라스 방향으로는 천장부터 바닥까지 장 미셸 오도니에jean michel othoniel의 엠버 색amber 스테인드 글라스로 창문이 장식되어 있다. 스테인드 글라스 창문 너머로 안도 다다오의 고요한 분수가 액자 속의 그림처럼 바라보 이는데 홍차 빛깔의 창문을 통해서 일출부터 일몰까지 시시각각 다른 햇살이 비춰진다. 그래서 창가 쪽 자리는 늘 붐비고 인기가 있다.

장 조지의 애프터눈 티 메뉴 보드에는 쟝 줄리앙jean julliean의 장난기 가득한 삽화가 함께 소개되어 있다. 마리아쥬 프레르의 15종류의 차와 함께 장 조지의 섬세함으로 모든 디저트들이 잘 표현되어 있다. 애프터눈 티는 4단 트레이에 제공되며 따로 곁들여서 나 오는 초코 퐁듀가 맛있기로 정평이 나 있다. 동물 모양 쇼트 브레드에 초코 토핑을 적셔 서 먹는다. 이 곳의 스콘 토핑도 아주 맛있는데 보통 스콘에는 클로티드 크림과 딸기잼 두 가지 토핑이 나오는데 레몬 커드가 추가되어 세 종류가 나온다. 스콘과 함께하는 상큼 한 레몬 커드는 그 식감과 맛이 뛰어나다. 스타 셰프 장 조지가 제안하는 예술적인 디저 트를 프랑스 차와 함께 경험해 볼 수 있는 기회이다.

정통 애프터눈 티 외에 다른 티룸들과 마찬가지로 샴페인을 추가할 수 있으며, 다양한 티푸드들이 제공된다. 이곳의 핑거 샌드위치는 고전적인 맛과 풍미를 자랑하는 것으로 유명하다. 훈제연어 외에 멕시코산 칠리, 코리엔더, 양파, 햄과 오래된 치즈 등이 들어간 샌드위치에 겨자, 꿀, 호두를 곁들여 먹는다. 그리스 요거트, 라임, 민트가 가미된 오이 샌드위치도 있다. 이곳의 담백한 건포도 스콘 역시 가벼우면서도 폭신하고 맛이 있다. 영 국식 스콘의 정석을 알고 싶다면 이 티룸에 가보면 된다.

영국식 애프터눈 티 외에 프랑스식 브랙퍼스트 티, 다르질링 스페셜티, 일본의 교쿠로 녹차, 얼그레이, 실론의 오렌지 페코 홍차 등이 제공된다.

호텔의 명성이나 티룸의 우아한 분위기 등을 생각할 때 상대적으로 저렴한 1인당 55 파운드의 비용으로 정통 애프터눈 티를 즐길 수 있는 곳이다.

🏠 Carlos Place, Mayfair, London W1K 2AL ☎ +44 (0)20 7107 8861 🌐 www.the-connaught.co.uk
⏱ 매일 14:.30, 14:45, 16:30, 16:45. 🚇 Bond Street, Green Park 🏬 Mayfair Village, Balenciaga and Marc Jacobs flagship stores, Gagosian Gallery, Dunhill's Bourdon House, Bond Street, Marylebone High Street
🛎 90일 전부터 예약 가능

런던에서 문라이트 애프터눈 티를

런던 코린시아 호텔Corinthia Hotel 은 관광객에게는 최고의 위치에 자리하고 있다. 트라팔가 광장이 지척이고 호텔의 고층에서는 템즈 강과 그 건너의 런던 아이가 한눈에 들어온다. 해로즈 백화점도 10분 거리에 있다.

이 호텔은 탄생부터가 심상치 않았는데, 1885년 그랜드 빅토리안 호텔이라는 이름으로 처음 개장할 때는 본래 왕실 소유의 호텔이었다. 당연히 최고급 소재를 사용하고 최고의 건축가와 인테리어

디자이너들이 동원되었다. 그러다가 2008년 민간으로 넘어갔고, 대대적인 보수 공사를 거쳐 2011년 현재의 이름으로 다시 개장했다. 이 호텔의 개장 기사는 우리나라 언론에도 대대적으로 보도되었다. 빅토리아풍의 고전적인 건물에 현대적 감성의 인테리어가 융합된 런던 최고의 호텔 하나가 이렇게 태어났다. 특히 1,001개의 크리스탈 조각으로 만들어진 로비의 샹들리에는 그 화려함과 아름다움으로 보는 이의 입을 다물지 못하게 만든다. 크리스탈로 만든 초대형 보름달이다.

티룸 중앙에 있는 거대한 바카라 크리스탈 샹들리에는 유명한 디자이너 리차드 브랜든Richard brendon 작품이며 안에는 붉은 점이 있다. 이 붉은 점은 코린시아의 붉은 열정을 의미하는 디자인으로 코린시아의 시그니처 찻잔과 다구에도 표현되어 있다. 붉은 색과 짙은 회색의 빅 스트라이프 문양 다구들은 정갈하게 세팅되어 있다. 주문한 차가 찻잔에 따라지면 크리스탈 문의 부서지는 밝은 빛이 출렁거리는 찻잔 표면에 반사되어 애프터눈 티를 경쾌하고도 현대적인 분위기로 만들어준다.

코린시아의 티룸에는 영국 차문화의 귀한 앤틱 소품들이 한 편에 전시되어 있는데 찻잎 가격이 아주 비싸던 시대에 사용되었던 은제 티 캐디와 티 캐틀, 황동 저울 등이 전통 차문화를 연상하게 해준다. 대형 은제 트롤리에 애프터눈 티에 제공되는 디저트들이 다채롭게 진열되어 있으며, 애프터눈 티 메뉴로는 흔하지 않은 마시멜로가 무지개 색의 실타래처럼 유리 항아리에 담겨져 나온다. 007 클래식 영화에서 금방 걸어나온 듯한 미남 매니저가 고객에게 다가와서 디저트에 대한 설명도 곁들여주고 마시멜로를 주문하는 만큼 가위로 잘라서 제공한다. 25종류의 차가 준비되어 있고, 그 중 인기 있는 차들 몇 가지는 티룸과 연결된 꽃가게에서 티를 구매할 수 있다. 이 꽃가게에는 티룸의 화사한 꽃들을 준비하고 장식하는 자체 플로리스트가 일하는 모습을 자연스럽게 볼 수 있다. 꽃향기로 가득한 공간에서 카멜리아 브랜드의 스테디셀러 차들을 구매할 수 있다.

이곳 '크리스탈 문 라운지The Crystal Moon Lounge'에서 즐기는 애프터눈 티는 어떤 맛일까? 티룸의 인테리어는 절제된 우아함으로 가득하고, 유리 돔 천장에서는 자연광이 밀려들어 유리 샹들리에에 반사된다. 중앙의 테이블에는 매일 이국적인 꽃들이 화려하게 장식된다. 이 럭셔리한 호텔의 모든 공간 중에서도 크리스탈 문 라운지는 아마 가장 매력

적인 장소일 것이다. 날씨가 좋을 때는 런던의 멋진 풍광을 즐기며 야외에서 차를 마실 수도 있다.

풍부하고 강렬한 풍미의 아삼 홍차, 부드러운 스리랑카산 오렌지 페코 홍차, 그리고 순한 맛의 중국 기문 홍차 외에 다양한 허브차와 과일차도 제공된다. 이런 다양한 차들의 선택을 위해 훈련된 티소믈리에가 자세한 설명을 해준다.

티푸드로는 보기만 해도 침이 고이는 핑거 샌드위치, 겉은 바삭하고 속은 촉촉한 영국식 스콘을 비롯하여 매우 다양한 디저트가 제공되며, 당연히 리필도 가능하다. 1인당 60파운드.

🏠 Whitehall Place, Westminster, London SW1A 2BD ☎ +44 (0)20 7321 3150 🌐 www.corinthia.com/en/hotels/london/ 🕐 월~금 14:00~18:00, 토~일 13:00~18:00 🚇 Embankment 🔵 National Gallery, National Portrait Gallery, South Bank, Thames Embankment, Whitehall, 10 Downing Street, London Eye 🛎 90일 전부터 예약 가능

80년 이어진 셀러브레티들의 애프터눈 티

메이페어Mayfair에 위치한 도체스터The Dorchester 호텔은 런던을 찾는 관광객들에게는 최고의 위치와 시설을 자랑하는 곳이다. 객실에서 하이드파크가 내려다보이고, 주변에 런던을 대표하는 관광지들이 즐비하다. 1931년에 문을 열었다니 조만간 100년의 역사를 갖게 되는데, 그만큼 전통과 역사를 자랑하는 호텔이자 런던에서도 최상급 호텔이다. 룸과 식당은 물론이고 각종 편의시설 역시 세계 최고 수준을 유지하고 있어 관광객들에게 인기 만점이다.

도체스터가 국제적인 명성을 얻게 된 계기는 2차 세계대전 기간이었다. 치열했던 런던공습에도 불구하고 건물의 피해가 깨진 유리창 몇 개 정도여서 런던 도심에서 가장 안전한 건물로 명성을 얻게 되었다. 유럽 미군 사령관이었던 아이젠하워 장군과 일행이 도체스터에서 머물면서 노르망디 작전을 수행하였다. 안전한 은신처로 빠르게 명성을 얻게 되어 정치계 및 경제계의 국제적 명사들이 머물렀다. 서머셋 모음이나 헤밍웨이 같은 소설가들도 이곳을 선호하여 현재까지도 권위 있는 문학모임을 개최하고 있다. 오늘날에도 배우, 록스타, 엔터테인먼트계의 유력 인사들이 머물면서 활동을 하기 때문에 도체스터는 영화 제작자와 관련 배우들의 캐스팅과 인터뷰 장소로도 잘 알려져 있다.

도체스터 애프터눈 티에서는 25종류의 다양한 차를 선택할 수 있는데 시그니처 티인 도체스터 브랙퍼스트 티와 애프터눈 티 블렌딩 뿐만 아니라 특별하게 자체 티마스터가 블렌딩한 시즈널 꽃차가 갖추어져 있다.

이 호텔의 프로미네이드The Promenade는 식당이자 애프터눈 티를 즐길 수 있는 티룸이다. 호텔 중앙에 위치한 티룸에 들어서면 우선 고급스럽고 우아한 벽과 천장, 놀랄 만큼 웅장한 꽃장식이 시선을 압도한다. 중후한 인테리어와 감각적인 장식에 감탄하며 테이블에 자리를 잡으면 호텔 관리자들의 세심함에도 새삼 놀라게 된다. 구김살 하나 없는 테이블보와 따뜻하고 편안한 분위기가 손님들로 하여금 최고의 대접을 받고 있다는 생각이 절로 일어나게 만든다. 여기에 아름다운 도자기 세트로 차려진 차가 나오고, 피아노 음악이 은은하게 더해진다. 다른 곳에서는 쉽게 경험하기 어려운 품격과 정성이 깃든 찻자리가 펼쳐지는 것이다.

이 호텔의 애프터눈 티는 꽃차와 샌드위치로 시작된다. 각 계절에 어울리는 꽃차가 엷게 우려져 제공되는데, 말하자면 본격적인 티타임을 위한 준비 과정이다. 이어 홍차와 함께 맛있고 따끈한 건포도와 플레인 스콘이 나오는데, 잼과 크림이 함께 제공된다. 또 계절에 따라 변하는 화려하고 앙증맞은 프랑스 페이스트리가 그 뒤를 잇는다.

애프터눈 티 메뉴에서는 취향에 따라 다양한 차를 선택할 수 있다. 얼 그레이와 오렌지 페코, 아삼과 다즐링은 기본이고, 인도의 스파이시 차이와 중국의 자스민도 준비되어 있으며, 녹차와 백차도 주문이 가능하다. 1인당 55파운드.

프로미네이드 외에 이 호텔의 또다른 티룸이자 식당인 스파티세리The Spatisserie에서도 같은 차와 티푸드를 즐길 수 있는데, 이 티룸은 매일 13:00, 13:30, 14:00의 세 차례만 손님을 받는다.

🏠 53 Park Lane, Mayfair, London W1K 1QA ☎ +44 (0)20 7629 8888 🌐 www.thedorchester.com/afternoon-tea 🕐 월~목 13:00, 13:30, 15:15, 15:45, 17:30, 18:00 / 금~일 13:00, 14:00, 15:15, 16:30, 17:30 🚇 Hyde Park Corner, Marble Arch 📍 Apsley House, Buckingham Palace, Albert Memorial, Hyde Park, Victoria and Albert Museum, Knightsbridge, Bond Street 🗓 90일 전부터 예약 가능

왕실이 인정한 애프터눈 티 살롱

런던에 가본 사람치고 백화점 포트넘 앤 메이슨Fortnum & Mason에 가보지 않은 사람은 드물 것이다. 그만큼 우리나라 사람들에게도 널리 알려진 영국의 대표적인 차 전문 백화점이 포트넘 앤 메이슨이다. 런던에 가보지 않은 사람이라도 홍차에 조금만 관심이 있다면 이 백화점의 이름을 모르는 사람이 없다. 서울의 신세계백화점에도 포트넘 앤 메이슨 매장이 들어와 있다.

300년 동안 영국 왕실에 차와 식료품을 공급해온 백화점이 포트넘 앤 메이슨이고, 그래서 백화점과 차 브랜드에는 영국 왕실의 마크가 붙어 있다. 왕실에 차와 식료품을 납품하는 백화점이나 당연히 런던 귀족들의 차 쇼핑도 이 백화점에서 많이 이루어졌다. 그만큼 최고의 차와 식료품을 전문적으로 취급하게 되었고, 그만큼 가격도 비싼 편이다. 그런 백화점이 이제는 런던 관광객의 필수 코스가 되었고, 대형 백화점이라고는 할 수 없는데도 하루 1만 명 이상의 손님들이 다녀간다고 한다.

피카딜리에 위치한 포트넘 앤 메이슨 본점은 1707년에 휴 메이슨과 윌리엄 포트넘이 식료품과 차를 파는 곳으로 시작하였다. 윌리엄 포트넘은 앤 여왕의 신하였으며 식료품점을 부업으로 했다. 현재는 피카딜리에 본점과 세인트 판크레스역, 로얄 익스체인지, 히드로 공항에 지점이 있다. 1761년에는 윌리엄 포트넘의 손자인 찰스가 샬롯 왕비와 제휴를 맺었다. 식료품점으로 설립된 포트넘의 명성은 양질의 식료품을 공급한 데서 비롯되었으며 영국의 차산업과 차문화의 확산 시기인 빅토리아 시대에 다양한 산지의 차, 우수한 블렌딩 티들을 출시하면서 급속한 성장을 보였다.

빅토리아 여왕 시대에는 왕실의 차와 식료품을 공급했다. 1865년에는 왕실 리셉션에 차를 납품하는 자격을 얻게 되었다. 현재까지도 왕실의 기념일이나 공식행사에 사용되는 기념 티들이 출시되고 있다. 차 한 가지의 단일 품목만으로도 백화점이라고 부를 만한 정도의 규모를 지닌 이곳은 런던의 중심가인 피카딜리 서커스에 위치하고 있다. 왕실에 차를 납품하던 전통에 따라 1902년 에드워드 7세를 위해 특별히 맞춤형 블렌딩 티를 출시하기도 했고 왕실 행사를 기념하는 차들을 꾸준히 선보이고 있다.

1964년에는 포트넘 본사 건물 메인 파사드에 창립자들에게 경의를 표하는 랜드마크 시계가 설치된다. 이 시계는 빅벤을 주조한 공장에서 주문 생산되었다. 1.2미터 높이, 무게 4톤의 시계는 윌리엄 포트넘과 휴 메이슨이 1시간마다 등장하면서 서로에게 인사를 하고, 종소리와 18세기 스타일의 음악이 배경에서 재생된다. 백화점 정문 파사드 아래 입구에는 양초를 든 팔을 형상화한 청동 조각품이 있어 창립자 윌리엄 포트넘이 앤 여왕의 양초 담당 신하였음을 상징하고 있다. 동쪽 입구 계단의 양쪽 난간에는 1.5미터 높이의 윌리엄 포트넘과 휴 메이슨이 촛대를 들고 있는 조각상이 고객을 맞이하고 있다. 포트넘 건물은 늘 관광객들로 붐비는 곳이어서 쇼핑으로 바쁜 시간을 재촉하다 보면 자칫 놓치기가 쉬운 곳곳에 역사적 감상 포인트들이 있다.

식료품 매장과 의복 매장 등 여느 백화점에 있는 매장들도 포트넘 앤 메이슨에 입점해 있지만, 역시 눈길을 사로잡는 것은 이 백화점의 대표 상품인 차 관련 매장들이다. 포트넘 앤 메이슨 상표를 단 각종 차와 다구, 다식들이 입구에서부터 손님들의 눈을 현란하게 유혹한다.

티룸은 백화점의 각 층마다 하나씩 있는데, 저마다 기능과 역할이 서로 다르다. 예컨대 티 테이스팅을 위한 전문 티룸이 있는가 하면, 소규모의 귀족식 피 파티를 즐길 수 있

는 드로잉 룸이 별도로 있다.

이런 티룸들 가운데 일반인들이 애프터눈 티를 가장 정통적으로 즐길 수 있는 곳은 다이아몬드 주빌리 티 살롱The Diamond Jubilee Tea Salon이다. 영국을 넘어 세계의 애프터눈 티 문화를 주도한 백화점이 포트넘 앤 메이슨이고, 이 백화점의 대표 티룸이 이곳이라고 보면 된다. 그만큼 차와 티푸드 등에서 최고의 맛과 품질을 자랑한다.

2012년 3월은 포트넘 앤 메이슨의 기념할 만한 날이었다. 엘리자베스 2세 여왕이 콘월 공작부인, 켐브리지 공작부인과 동반하여 즉위 60주년을 기념하여 포트넘 매장을 직접 방문하여 다이아몬드 주빌리 티를 발매하였다. 그리고 애프터눈 티 레스토랑을 '세인트 제임스' 레스토랑에서 '다이아몬드 주빌리 티 살롱'으로 이름을 개명하였다. 이로써 포트넘 앤 메이슨의 티 살롱은 영국 왕실 인증의 티룸으로 면모를 갖추게 된다.

다이아몬드 주빌리 티 살롱이 있는 4층에 올라가면 포트넘 회사의 메인 컬러인 나일 블루 색의 티 캐디가 벽면에 가득히 늘어서 있다. 모든 테이블은 정교하게 준비되며 테이블 세팅을 아름다운 예술로 준비하고 있다. 냅킨을 접는 방식부터 차와 디저트가 연출되는 방식까지 고객들의 방문을 영국 전통의 추억으로 만들기 위한 아이디어로 연출되어 있다.

매일 피카딜리 181번지에서는 이른 아침에 수천 개의 갓 구운 스콘이 만들어진다. 이 스콘은 영국식 스콘의 정석이라는 평을 받을 정도로 유명하다. 누구나 한번 맛보면 잊을 수 없는 맛이다. 그리고 이곳에서는 포트넘사의 전문가들이 세계의 차 산지에서 선택한 다양한 차들이 제공된다. 다이아몬드 주빌리 티 살롱에서는 런던의 번잡함에서 벗어난 우아한 분위기와 피카딜리 스트릿이 한 눈에 내려다보이는 탁 트인 전망을 갖추고 있다. 런던의 애프터눈 티를 오직 한 곳에서만 경험해야 한다면 이곳을 추천하는 이들이 적지 않다. 1인당 55파운드.

🏠 181 Piccadilly, St James's, London W1A 1ER 📞 +44 (0)20 7734 8040 🌐 www.fortnumandmason. com 🍷 월~목 11:30~19:30,   금~토 11:00~19:00,   일 11:30~17:45 🚇 Green Park, Piccadilly 🏛 Buckingham Palace, Royal Academy of Arts, Green Park, The Royal Institution 🛎 90일 전부터 예약 가능

10 고링 호텔

왕실 가족들의 애프터눈 티

영국 왕실의 주거지인 버킹엄궁 인근에 있는 고링 호텔The Goring은 고링 가문에서 대를 이어가며 100년 넘게 운영하는 개인 호텔이자, 영국 왕실의 사랑방 역할을 도맡은 호텔이다. 엘리자베스 2세 여왕이 대관식을 치를 때 세계 각국에서 온 손님들이 묵은 곳이 여기였고, 2011년 영국 왕세손과 결혼한 케이트 미들턴Kate Middleton이 결혼식 전날 묵은 호텔도 이곳이었다. 여왕이 수시로 외식을 즐기기 위해 찾는 곳이자, 영국의 귀족들은 물

론 세계 각국의 유명인사들이 묵는 최고급 호텔 중의 최고급 호텔이 바로 고링 호텔이다. 포트넘 앤 메이슨이 차와 식료품을 왕실에 납품함으로써 왕실의 인증을 받은 것처럼, 이 호텔도 왕실의 인증을 받았다. 호텔 중에서 왕실의 인증을 받은 호텔은 고링이 유일하다.

스위트룸 1박 비용이 우리 돈으로 천만 원이 넘으니 보통 사람은 언감생심이지만, 이곳의 애프터눈 티는 누구나 체험해볼 수 있다. 기본 애프터눈 티 비용은 1인당 55파운드로, 다른 5성급 호텔들과 크게 다르지 않다. 번잡한 길거리가 아니라 호텔 소유의 개인 가든을 바라보며 마시는 한잔의 홍차는 잠시나마 여왕이 된 기분을 느끼게 해줄 것이다.

고링은 한 세기 전에 문을 연 이후로 영국 로열 패밀리가 즐기는 애프터눈 티의 진수를 선보여왔다. 이 호텔의 애프터눈 티는 영국차협회British Tea Guild Council가 선정한 최고의 런던 애프터눈 티에 선정되었으며, 맛있는 페이스트리, 과일 맛이 나는 수제 잼, 그리고 고품질의 홍차로 유명하다. 무척 다양한 종류의 차를 구비하고 있는데, 자체 블렌딩 홍차는 아삼과 다즐링 세컨드 플러시를 배합하여 가볍고 섬세한 맛을 자랑한다. 이 외에 포트넘 앤 메이슨의 로열 블랜드, 실론, 아삼, 정산소종, 얼 그레이 홍차 중에서 마음에 드는 차를 고를 수 있다. 또 백호은침, 용정차, 우롱차 등도 준비되어 있다.

🏠 15 Beeston Place, Westminster, London SW1W 0JW 📞 +44 (0)20 7769 4485 🌐 www.thegoring.com ⬇
일~금 16:00~16:30, 토요일 13:00~16:00 🚇 Victoria 🅿 Buckingham Palace, The Royal Mews, The Queen's Gallery, Knightsbridge, Mayfair, St James's Park, Green Park, Hyde Park, Kensington Palace 🛎 180일 전부터 예약 가능

중국에서 탄생한 유럽인을 위한 차

세상의 모든 차는 차나무의 잎으로 만든다. 국화차, 인삼차, 허브티, 루이보스티 등은 '차'로 불리기는 하지만 차나무의 잎으로 만든 음료가 아니어서 좁은 의미의 '차'에는 포함되지 않으며 일반적으로 '대용차'라고 한다.

그렇다면 세상에는 얼마나 다양한 차가 있을까? 중국인들은 매일 한 가지씩 새로운 차를 마셔보더라도 평생 다 마셔보지 못할 것이라고 한다. 이처럼 차의 종류가 매우 다양하므로 일정한 기준에 따라 분류할 필요가 생기는데, 가장 보편적인 방법은 제다법을 기준으로 여섯 가지 종류로 나누는 것이다. 여섯 가지 종류의 차란 '백차, 녹차, 청차, 황차, 홍차, 흑차'로, 이를 흔히 6대 다류라고 한다. 이름으로만 보면 대체로 색깔을 기준으로 한 것으로 보이는데, 실제로 이 차들은 우려낸 찻물의 색, 즉 탕색이 서로 다르다. 그런데 이런 탕색의 차이는 제다법의 차이에서 기인하는 것이며, 탕색이 흡사하더라도 제다법이 다르면 서로 다른 차로 분류한다.

제다법 중에서도 핵심이 되는 것은 발효(醱酵)의 정도인데, 발효를 얼마나 시키느냐에 따라 차의 종류가 달라진다는 말과 같다. 그런데 여기서 말하는 발효란 사실 엄밀한 의미에서의 발효라기보다는 산화(酸化)에 가까운 것이다. 발효는 미생물에 의해 일어나는데, 차나무에서 채취한 찻잎이 스스로 점점 갈색으로 변하는 것은 미생물의 작용이 아니라 찻잎 내부에 있던 산화효소가 활성화되면서 생기는 현상이기 때문이다. 이런 산화를 가장 적게 시키는 차가 녹차고, 반대로 가장 많이 시키는 차가 홍차다.

녹차는 발효(사실은 산화)를 시키지 않는 차여서 불발효차라고도 하는데, 찻잎을 채취하는 즉시 뜨거운 솥에 덖거나 증기를 쬐어 산화효소의 활성을 정지시키는 제다법으로 만든다. 그 결과 애초 찻잎의 녹색이 유지되고 신선

한 찻잎의 향과 맛을 내는 차가 녹차다. 반대로 홍차는 발효가 충분히 일어나도록 채취한 찻잎을 하루 이상 그늘 등에 그대로 널어 말리면서 차를 만든다. 이로써 찻잎의 색은 짙은 갈색이 되고 이를 우린 탕색도 진한 홍색을 내게 되어 이름도 홍차. 그런데 서양인들은 탕색이 아니라 완성된 찻잎의 색이 검다고 해서 블랙티(black tea)로 부른다. 서양인들이 레드티(red tea)라고 부르는 것은 루이보스티.

청차와 황차는 녹차와 홍차의 중간 정도 수준으로 발효를 시키는 반발효차이며, 백차는 약간만 발효를 시키는 약발효차이다. 백차의 경우 녹차에 비해서는 상대적으로 발효를 더 많이 진행시킨 차이므로 녹차보다 더 진한 탕색을 내야 할 것으로 여겨지는데, 차나무 품종도 다르고 구체적인 제다법도 녹차와는 달라서 녹차보다 오히려 연하고 밝은 탕색을 띤다.

흑차는 '후(後)발효차'라고도 하는데, 일단 녹차를 만든 후에 미생물을 통해 실제로 발효가 일어나도록 만드는 차다. 엄밀한 의미에서의 발효차라고 할 수 있다. 최근 큰 인기를 얻고 있는 보이차가 바로 이런 흑차에 속한다.

그렇다면 홍차는 언제 어디서 처음 만들기 시작했을까? 고대부터 중국인들이 주로 마시던 차는 녹차였고, 이후 보이차 등의 후발효차가 나타났다. 서양인들이 대항해 시대를 열어 중국의 항구에 드나들기 시작하던 무렵에도 중국인들이 마시던 차는 녹차였다. 따라서 서양인들이 최초로 가져간 동양의 차도 녹차였다. 그런데 17세기에 중국에서 배로 유럽까지 가려면 1년 이상이 걸렸다고 한다. 따라서 중국에서 새로 만든 녹차를 실었다고 해도 유럽에 도착하면 최소한 1년 이상은 지난 묵은 차가 된다. 배가

중국의 항구를 출발하는 것이 꼭 봄도 아니었을 테니 2년 이상 묵은 차도 있었을 것이다. 게다가 지금처럼 밀봉이 잘된 상태로 운반된 것도 아니니, 대체로 맛이 그다지 좋지 못했을 가능성이 높다. 그럼에도 차는 동양의 신비한 영약으로 유럽에 소개되며 계속해서 인기를 더해갔다.

홍차의 탄생과 관련하여, 중국의 녹차가 기나긴 항해를 하는 동안 비바람에 노출되어 추가로 발효가 일어나고, 그 결과 홍차가 나오게 되었다는 설명이 있는데, 이는 사실과 전혀 부합하지 않는다. 무엇보다도 녹차는, 아무리 습기나 열에 노출되더라도 더 이상의 발효가 진행될 수 없는 차이며, 따라서 썩으면 몰라도 홍차로 바뀌지는 않는다.

동양의 차가 유럽에 소개되고 얼마 지나지 않은 1640년대에 복건성의 무이산(武夷山)에서는 부분 발효(산화)된 차가 처음 나오게 되었다. 우롱차가 처음 탄생한 것이다. 이 차들도 유럽에 수출되었는데, 기존의 녹차를 그냥 차라고 부르던 서양인들은 이 새로운 차를 '보헤아'라고 불렀다. 무이(武夷)의 현지 방언을 그대로 따라한 것이다.

그런데 이 새로운 차는 같은 기간이 걸려 유럽에 도착한 뒤에도 상대적으로 녹차만큼 맛이 많이 변하지 않았다. 이는 산화가 일어난 결과로, 산호가 많이 된 차일수록 변질이 석나. 이런 사실을 일게 된 유럽인들은 산회기 더 많이 일어난 차를 찾게 되었고, 이런 서양인들이 요구에 맞추어 무이산 동목관(桐木關)이라는 마을에서 역사상 처음으로 만든 홍차가 정산소종(正山小種)이다. 정산은 무이산을 말하고, 소종은 찻잎의 생산이 극히 적다는 뜻을 담고 있다. 다른 말로는 정산소종의 제다과정인 송연(松煙, Le–Xun)의 복건성 방언을 영어로 Lap–sang으로 옮긴 것이 랍상소우총(Lapsang souchong)이다.

정산소종의 탄생에 대해서는 여러 전설들이 전하는데, 차농들이 찻잎을 따두었다가 인근에서 전투가 벌어져 피난을 갔고, 나중에 돌아와 보니 이미 발효(산화)가 많이 진행되어 녹차를 만들기 어려우므로 그대로 소나무를 태워 차를 건조시킨 결과 홍차가 되었다는 전설이 그중 하나다. 정산소종은 실제로 송연향이 나는 것이 특징이다.

이후 정산소종은 유럽인들이 가장 좋아하는 차 가운데 하나가 되었다. 그런 유럽인들 중에 찰스 그레이 백작이라는 사람도 있었는데, 19세기의 인물로 영국의 수상까지 지낸 귀족이다. 그는 운송 중 약해진 정산소종의 향을 되살리기 위해 베르가모트의 향을 차에 입혀보게 되었는데, 이렇게 탄생한 홍차가 얼 그레이(Earl Grey)다. 그레이 백작이 최초로 향을 입힌 것이 아니라, 홍차 회사들 가운데 하나가 정산소종이 용안이라는 과일의 향을 입혀 만든다는 잘못된 정보를 바탕으로 용안과 유사한 베르가모트의 향을 차에 입혔는데 그것이 그레이 백작의 마음에 들어 이런 이름이 붙었다는 설도 있다.

이렇게 베르가모트 향을 입힌 얼 그레이는 이후 홍차의 종류 가운데 대표적인 하나가 되었고, 지금도 거의 모든 홍차 회사들에서 얼 그레이 홍차 상품을 만들어 판매하고 있다. 포트넘 앤 메이슨이라는 회사는 지금도 정산소종을 베이스로 베르가모트 향을 입혀 얼 그레이를 만들고 있으며, 다른 회사들은 기문이나 아삼, 우바의 홍차를 사용하기도 한다. 얼 그레이는 아이스티의 기본 베이스로도 많이 활용되는 홍차다.

홍차의 탄생지인 복건성 무이산

현재의 동인도회사에서 만들어 판매하는 랍상소우총

역사가 살아 숨 쉬는 티룸

7,000개 가까운 호텔들이 성업 중인 런던에서 역사와 전통을 자랑하는 동시에 모던하고 세련된 인테리어로 많은 관광객들의 사랑을 받는 호텔 중의 하나가 카페 로열 호텔Hotel Cafe Royal 이다. 런던의 우아한 분위기를 대표하는 메이페어Mayfair와 창의성을 상징하는 예술의 거리 소호Soho 사이에 위치한다.

카페 로얄은 버킹검궁을 설계한 존 내쉬가 기획하고 설계한 리젠트 스트리트의 코너에 위치한 상징적인 건물이다. 심프슨 부인과의 로맨스로 알려진 에드워드 8세와 조지 6세 등 왕실 인사들이 자주 드나들던 곳이며 다이내나 비도 자주 찾았던 곳이다. 카페 로얄의 초기 창업자가 와인 전문가여서 한때 세계에서 가장 크고 잘 갖추어진 지하 와인 수장고가 있었던 곳이기도 하다.

이곳은 19세기 당대 문학가들이 붐비던 지역으로 버지니아 울프의 델러웨이 테라스도 도보로 가능한 거리에 있고 찰스 디킨스 문학관도 근처에 있어서 영미문학에 관심있는 고객에게는 한번쯤 들러보고 싶은 매력적인 장소라고 할 수 있다.

1865년 문을 열었다니 이미 150년이 넘었고, 그만큼 많은 역사와 이야기를 품고 있는 호텔이다. 특히 이 호텔의 티룸 오스카 와일드 라운지Oscar Wilde Rounge가 그렇다.

호텔의 홈페이지에 따르면 오스카 와일드 라운지는 한마디로 '위대한 정신이 모여 세상을 바꾸는 공간'이란다. 그러면서 이곳에서 오스카 와일드Oscar Wilde가 알프레드 더글러스Alfred Douglas 경과 사랑에 빠졌고, 오브리 비즐리Aubrey Beardsley가 휘슬러Whistler와 논쟁을 벌였으며, 비틀즈Beatles와 엘리자베스 테일러Elizabeth Taylor는 여기서 밤새도록 춤을 추었다고 자랑한다.

오스카 와일드는 영국을 대표하는 동화작가이자 희곡작가로 〈행복한 왕자〉와 〈도리안 그레이의 초상〉이 대표작이다. 후자의 작품에 등장하는 도리안 그레이의 실제 모델이 오스카 와일드의 뮤즈muse로 알려진 시인 알프레드 더글러스 경이라고 한다. 두 사람이 홍차를 마시며 시와 예술을 논하던 곳이 이곳 카페 로열 호텔의 티룸이었고, 이를 기념하기 위해 티룸 이름이 오스카 와일드 라운지가 된 것이다.

카페 로얄의 이름에 걸맞게 티룸 전체는 더할 수 없이 화려한 골드 길딩 장식과 천사 조각상, 그리스로마 신화의 천정 그림들로 뒤덮여 있다. 벽은 금색 격자무늬 몰드로 둘러진 거울의 방으로 벽등의 조명과 어우러져서 마치 베르사이유 궁을 재현해 놓은 듯하다. 장엄한 바로크풍 실내장식으로 왕궁과도 같은 티타임을 경험하고자 하는 차 애호가들에게 잘 알려진 공간이다.

이곳의 애프터눈 티는 2017/18년 애프터눈 티 어워드에서 수상을 했을 정도로 차의 품질이 뛰어나고 티푸드의 맛도 탁월하다. 1인당 55파운드.

🏠 68 Regent Street, Piccadilly, London W1B 4DY 📞+44 (0)20 7406 3310 🌐 www.hotelcaferoyal.com ⬇
매일 12:00~17:30 🚇 Piccadilly Circus 🅿 Soho, Regent Street(shopping), Trafalgar Square, Piccadilly 🎫 90
일 전부터 예약 가능

앤 여왕의 정원에서 즐기는 홍차 한잔의 여유

런던의 하이드파크 서쪽 끝에 켄싱턴궁Kensington Palace이 있다. 불행하게 생을 마친 다이애나 비가 생활하던 곳이고, 지금은 왕세손인 윌리엄과 케이트 부부가 왕자와 공주를 키우며 사는 곳이다. 이 켄싱턴궁에 딸린 정원이 켄싱턴 가든이고, 여기에 찻집 오랑제리The Orangery가 있다. 일반인이 왕궁 안에서 차를 즐길 수 있는 유일한 곳이다.

오랑제리는 글자 그대로 오렌지를 키우던 온실이라는 의미다. 궁궐 후원에 있던 온실을 개조하여 찻집으로 만든 것이다. 온실이라고 해서 우리나라의 농촌에서 흔히 보이는 비닐하우스는 아니다. 지붕이 높고 통창이 많은 대형 건물이고, 과거에는 실제로 오렌지 나무를 키우던 온실이었다고 한다.

켄싱턴궁의 오랑제리 건물은 1704년 앤 여왕에 의해 지어졌다. 정원 조성에 많은 관심을 가지고 공을 들였던 앤 여왕은 겨울철 오렌지 나무을 기르기 위한 대형 테라스가 있는 온실 건물을 당대의 건축가들과 실내장식가에게 의뢰했다. 차를 사랑했던 앤 여왕은 공식연회를 비롯해서 지인들과 함께 오랑제리에서 자주 다회를 열고는 했다.

오랑제리 티룸으로 가는 길목에는 상록수 미로 정원이 잘 가꾸어져 있고 티룸 근처에는 켄싱턴 박물관과 왕실 관련 기념품 가게가 있다. 이 박물관에는 18세기 이래로 켄싱턴궁에 거주하던 왕실 가족들의 역대에 걸친 수많은 유물들이 남겨져 있어서 왕실 관련 특별 전시회가 열리기

도 한다. 왕실 기념품 가게도 런던의 다른 궁전들에 비해서 가장 다양한 기념품과 리미티드 에디션들이 갖춰져 있어서 왕실 소품에 관심 있는 분들에게 볼거리를 제공한다.

오랑제리 티룸은 오랜 시간을 들여서 리뉴얼 공사를 진행하고 있다. 티룸을 운영하면서 꾸준하게 주변 환경과 정원의 개보수가 이루어지고 있다. 오랑제리 티룸 바로 앞에 햄프턴 궁의 선큰sunken 가든과 같은 디자인으로 아름다운 선큰 분수 가든이 조성되어서 방문객들에게 인기 있는 포토존이 되고 있다.

티룸 주변이 궁궐에 딸린 후원이니 당연히 경관 자체가 돈 내고 봐도 아깝지 않을 정도로 화려하고 아름다우며 잘 가꾸어져 있다. 영국을 흔히 정원의 나라라고도 하는데, 영국식 정원 문화의 진수를 유감없이 즐길 수 있다. 볕이 좋은 날이면 늘 햇빛에 굶주린 런던 사람들이 볕과 맑은 바람을 즐기기 위해 이곳에 모여든다.

오랑제리는 런던을 대표하는 애프터눈 티룸답게 늘 손님들로 붐비고, 예약을 하지 않으면 자리를 차지하기 어렵다. 런던 시민들뿐만 아니라 여러 나라에서 찾아오는 관광객들도 많으니 어쩌면 당연한 일이다. 창가 쪽의 자리는 더욱 차지하기가 어려운데, 사전 예약을 통해 미리 자리를 예약할 수 있다. 부지런해야 오랑제리의 최고 자리에서 최고의 애프터눈 티를 즐길 수 있다. 햇빛이 좋은 날에는 실내가 아니라 외부의 테라스에서도 차를 마실 수 있다. 1인당 34파운드.

🏠 Kensington Palace, Kensington Gardens, Kensington, London W8 4PX   📞 +44 (0)20 3166 6114
🌐 kensingtonpalacepavilion.co.uk   🕐 매 일 10:00∼18:00   🚇 Queensway, Gloucester Road, High Street Kensington   🚌 Kensington Palace, Princess Diana Memorial Playground, Kensington Gardens   🛎 60일 전부터 예약 가능

영국인들이 꿈꾼 별천지

하이드파크와 버킹엄궁 사이에 있는 호텔 레인즈버러The Lanesborough는 인터넷에서 '세계에서 가장 비싼 호텔'로 검색을 해보면 심심치 않게 등장하는 런던의 최고급 호텔이다. 본래 세인트 조지 병원St. George's Hospital이었던 건물을 1991년 리모델링하여 호텔로 개관했다고 한다. 그래서 그런지 신고전주의 양식의 건물 외관 자체는 그다지 독특하지 않고 밋밋한 편이다. 예전 병원 건물이었다고 하면 금방 수긍이 간다. 하지만 안으로 들어서면 그야말로 별천지가 펼쳐진다.

　이 호텔에서 가장 먼저 눈길을 끄는 건 로비와 레스토랑을 덮고 있는 거대한 돔형의 유리 천장이다. 볕이 좋은 날이면 햇빛이 그대로 건물 안으로 쏟아져 들어오기 때문에 밝고 따뜻한 느낌의 실내로 최고의 분위기를 자아내고, 자연광이어서 그만큼 사진 찍기에도 좋다. 그런 돔형의 천장에 거대하고 화려한 샹들리에가 달려 있어 밤이면 완전히 또다른 별세계를 그려낸다. 높은 천장과 아름다운 샹들리에, 거기에 외부의 은은한 야경 불빛까지 더해지니 도심 속의 별천지다.

    화려하고 모던한 분위기를 자아내는 이 호텔의 실내장식은 화이트와 골드 그리고 파우더블루를 테마로 잡은 것으로 보인다. 레인즈버러의 티룸은 영국풍 신고전주의 양식의 진수라고 할 수 있다. 로비에서부터 그리스 양식의 이오니아식 기둥, 계란색의 화이트 코니싱, 실내는 파우더 블루의 벽에 카메오 부조 장식과 수많은 액자들이 더없이 잘 어우러져 있다. 촘촘한 카메오 액자들 사이로 자리잡은 앤틱 가구들을 한참 구경하다가 눈을 들어 아르데코 유리돔을 바라보면 하늘 풍경 아래로 그리스로마 신화를 주제로 한 넓은 천정화 몰드가 전체에 장식되어 있어 한 폭의 거대한 액자와도 같은 뷰를 감상할 수 있다. 바닥, 벽면, 테이블, 조명 등에 유리 재질을 충분히 활용하면서 흰색으로 밝고 화사한 분위기를 창조하고 금빛으로 중후하면서도 고급스런 느낌을 만들어낸다.

    이 호텔의 레스토랑 겸 티룸 셀레스트Céleste는 프랑스어로 천상의 세계, 별천지를 뜻하는 말이다. 실제로 이 티룸에 앉아 있으면 번화한 런던 중심가의 호텔 레스토랑이 아니라 어딘가 따뜻하고 편안하고 안락한, 그래서 누군가로부터 안전하게 보호받고 있으며 대접받고 있다는 인상을 받게 된다. 인공적으로 조성된 영국식 별천지의 최고봉이라고 할 수 있겠다. 비싼 호텔답게 미슐랭 가이드가 선정하는 최고의 식당이 셀레스트고, 이 티룸은 영국 호텔들 가운데 최초로 애프터눈 티 전문가이자 정식 티 소믈리에를 고용한

것으로도 잘 알려져 있다. 그만큼 차든 티푸드든 신뢰할 수 있다는 얘기다.

레인즈버러 애프터눈 티 디저트는 페기 포셴이 담당하고 있다. 페기 포셴은 벨그라비아에 세계적인 유명 베이커리를 운영하고 있으며 케이크 업계의 트렌드 세터로 인정받고 있다. 애프터눈 티 세트에서 그녀의 동화같은 핑크 미학의 디저트들과 로맨틱한 영감을 불어넣은 파스텔톤의 꽃장식을 만나게 된다. 티룸의 트롤리에는 페기 포셴의 그날의 시그니처 케이크들이 준비되어있다. 1인당 49파운드.

이 호텔의 티룸은 드로잉 룸drawing Room도 운영하는데, 다른 손님들과 분리된 일종의 별실이라고 생각하면 된다. 보통 '드로잉 룸'이라고 부르는 영국 티룸의 이 별실은 본래 '물러나다'는 의미의 위드드로우 withdraw에서 유래한 것으로, 귀족들이 어울려 함께 식사를 마치고 남자 신사들이 거실에 모여 세상 이야기를 나눌 때 부인들이 '물러 나와' 담소를 나누며 차를 마시던 공간을 의미하는 것이었다.

🏠 1 Lanesborough Place, Hyde Park Corner, Belgravia, London SW1X 7TA ☎ +44 (0)20 7259 5599
🌐 www.lanesborough.com 🕐 [Céleste] 월~목 14:30~16:30, 금~일 12:30~16:30 / [The Withdrawing Room]
매 일 13:00~17:30 🚇 Hyde Park Corner 🅿 Hyde Park, Knightsbridge, Admiralty Arch, Apsley House
📅 90일 전부터 예약 가능

호텔 애프터눈 티의 전통이 시작된 곳

랭햄 호텔The Langham은 세계 각국에서 호텔과 리조트를 운영하는 곳으로, 미국과 유럽은 물론 호주와 홍콩, 중국에도 여러 개의 같은 이름을 단 호텔들이 있다. 물론 이 중에서 가장 먼저 생긴 것이 런던의 랭햄으로, 1865년 처음 문을 열었다. 오랜 역사만큼이나 갖가지 이야기도 많은데, 런던의 호텔들 가운데 최초로 엘리베이터가 설치된 곳이라고 하고, 이 호텔에서 처음 티룸을 만들어 호텔식 애프터눈 티를 시작했다고도 한다. 이곳에서 애프터눈 티를 즐기는 것은 스코틀랜드의 세인트 앤드류 올드코스에서 골프를 경험하는 것처럼 여행의 가치를 더해준다는 얘기도 있다. 또 문학을 좋아하는 고객이라면 19세기에 오스카 와일드와 코넌 도일(셜록 홈즈의 작가)이 잡지 발행인들과 식사를 나누었던 장소라는 데 관심을 가질 수도 있겠다.

호텔 한가운데 위치한 티룸 팜 코트The Palm Court는 한껏 밝고 화사한 축제 분위기를 연출한다. 보석처럼 빛나는 장식들로 치장된 문을 통해 티룸에 들어서면 우선 은은한 실

루엣이 마음을 차분하게 해주는 높은 천장이 한눈에 들어온다. 유리창은 아르데코 양식이고 벽은 금빛으로 반짝인다. 이로써 티룸에 들어서는 순간, 누구나 특별한 장소에 있다는 것을 실감케 된다.

티룸 한쪽에는 어린이들을 위한 서가가 꾸며져 있다. 애프터눈 티를 즐기러 온 아이들은 자기가 좋아하는 동화책을 안내받으면서 고르거나 읽을 수 있고 책을 선물 받기도 한다. 그래서 랭햄은 전통적인 명소에서 자녀에게 티타임을 선물하고자 하는 부모들과 꼬마 숙녀, 신사들을 자주 볼 수 있는 곳이다. 단정한 차림으로 티룸에 들어선 아이들이 살짝 긴장한 듯한 태도로 티 에티켓을 지켜가면서 작게 소곤거리기도 하고 차를 마셔가면서 티타임을 즐긴다. 사랑스러운 꼬마 손님들은 자신이 좋아하는 동화책을 선물 받고는 티타임을 좋은 추억으로 간직할 것이다.

랭햄은 유서깊은 레스토랑답게 애프터눈 티에 제공되는 각각의 디저트에 잘 어울리는 차들이 메뉴판에 소개되어 있다. 예컨대 샌드위치 페어링 티로는 우롱티, 레몬버베나를 추천하고, 스콘, 페스트리 코스마다 어울리는 페어링 티들이 적혀 있다. 그래서 그런지 많은 런던 사람들이 영국 전통의 애프터눈 티를 맛볼 수 있는 최고의 호텔 가운데 두 곳으로 이곳의 티룸과 리츠 호텔의 티룸을 추천하곤 한다.

티룸 팜 코트의 차와 티푸드는 그 오랜 역사만큼이나 정평이 나 있을 정도로 최상의 맛과 질을 유지한다. 전문 티 소믈리에가 직접 차를 고르고 선별하며 블렌딩을 해서 자체 메뉴를 개발하고, 크리스마스 등 특별한 이벤트를 위한 차들도 내놓는다. 달콤하고 앙증맞은 케이크 및 디저트류는 물론 언제나 기본으로 나오는 샌드위치와 스콘도 다른 곳에서는 쉽게 따라하기 어려울 정도로 훌륭하다.

티룸 팜 코트의 또 다른 특징은 웨지우드 도자기를 고집한다는 것이다. 우리나라는 물론 전세계적으로 명품 도자기로 유명한 웨지우드의 화려하고 섬세한 티웨어들이 차와 티푸드의 맛을 돋운다.

　　영국 차문화의 또 다른 진수인 하이 티High Tea를 즐길 수 있다는 것도 팜 코트의 훌륭한 점 가운데 하나다. 정통 애프터눈 티는 1인당 62파운드, 하이티는 68파운드다.

🏠 1c Portland Place, Regent Street, Marylebone, London W1B1 JA　📞 +44 (0)20 7636 1000　🌐 www.palm-court.co.uk　🕐 매일 12:00~17:30　📍 Oxford Circus　🚇 Oxford Street, Regent Street, Regent's Park, BBC 방송국　🛎 1년 전부터 예약 가능

부유한 중세 귀족 저택에서의 차 한잔

옛날 영국 귀족들의 저택이 어땠을지 궁금한 사람이라면 가볼 만한 곳이 마일스톤 호텔The Milestone Hotel이다. 이 우아하고 역사적인 호텔은 켄싱턴 궁과 가든 맞은 편에 있으며 로얄 알버트 홀과도 가깝다. 오래된 세계가 주는 매력, 누가 봐도 아름답고 비싼 가구, 정교하고 독창적인 예술품들, 그리고 뛰어난 요리와 차를 즐길 수 있는 곳이다. 2020년《포브스》의 '올해의 호텔'에 선정되었고, 2019년에는 이 호텔의 애프터눈 티가 역시 '올해의 애프터눈 티'에 선정되었다.

호텔에 도착하면 웅장한 후기 빅토리안 양식의 건물 외관부터가 중세 유럽의 분위기를 물씬 풍긴다. 티룸으로 들어가면 다시 한번 놀라게 되는데, 한마디로 부유한 귀족 집안의 멋진 서재를 옮겨놓은 듯한 인상이다. 거대한 마호가니 책장, 풍성한 느낌의 커튼, 안락한 쿠션, 그리고 겨울이면 이글거리는 벽난로가 영화 속의 한 장면을 절로 떠올리게 한다.

이 안락하고 호사스러운 티룸 파크 라운지Park Lounge에서는 켄싱턴 궁과 가든이 한눈에 내려다보인다. 최고급 홍차는 물론 눈과 입이 한없이 즐거운 티푸드들이 제공되는데, 달콤함과 고소함이 적절히 조화되어 끝없이 손을 놀리게 된다. 이 티룸은 '아르데코 애프터눈 티의 체험'을 표방하고 있는데, 주변의 디자인은 물론 티푸드의 디자인에까지 아르데코 양식을 적용한 것이 특징이다. 정통 애프터눈 티는 1인당 70파운드.

이 티룸은 '애프터눈 티 아카데미'도 운영하고 있다. 이 티룸에 차를 공급하는 'PMD 티'의 전문가를 초청하여 연 5~6회 아카데미를 여는 것이다. 차의 역사와 차와 음식을 연결하는 방법에 대해 배울 수 있는 좋은 기회지만 자주 열리는 것이 아니어서 관광객들이 참여하기는 쉽지 않다는 아쉬움이 있다.

🏠 1-3 Kensington Ct, Kensington, London W8 5DL ☎ +44 (0)20 7917 1000 🌐 www.milestonehotel.com
🕐 매일 13:00, 15:00, 17:00. 🚇 High Street Kensington 🅿 Kensington Gardens, Kensington Palace, Hyde Park, Royal Albert Hall, Serpentine Gallery

캐서린 브라간자와 '차에 미친 부인들'

영국이 1630년대 중반에 차를 처음 접한 것은 네덜란드의 동인도회사를 통해서였다. 이 무렵 영국은 해외 시장 진출에 박차를 가하였고 식민지 확장에도 몰두하였다. 그러던 1662년 영국의 홍차 역사에 특기할만한 일이 하나 벌어진다. 포르투갈 출신의 캐서린 브라간자(Catherine of Braganza, 1638~1705) 공주가 영국의 찰스 2세(Charles II, 재위 1660~1685)와 정략결혼을 하여 영국으로 건너온 것인데, 그녀는 자신의 고국에서부터 차 마니아로 지내고 있었고 영국에 올 때도 세 척의 배에 차와 차도구, 설탕을 한가득 싣고 왔던 것이다. 이때 캐서린이 가져온 차와 다구는 궁정에 본격적인 음다 문화를 정착시키고 귀족사회에도 차를 알리는 중대한 계기가 되었다. 찰스 2세의 뒤를 이어 왕위에 오른 계승자들 역시 연이어 음다 습관에 깊이 젖어들었고, 시누아즈리(chinouserie)로 불리는 중국 열풍에 가세하면서 영국의 차는 확고한 성장의 기반을 마련하게 되었다.

캐서린 오브 브라간자

먼저 캐서린 왕비의 경우 영국의 포츠머스항에 도착하자마자 우선 차 한 잔을 달라고 요구했을 정도로 이미 차 애호가였다. 영국까지의 먼 항해와 멀미에 대비하여 휴대용 다구와 차를 지니고 있었고, 나중에 마실 차도 충분히 가지고 온 그녀였다. 그러나 당시 영국에는 차문화가 거의 보급되지 않은 상황이었으며, 여성이 차를 즐기는 것은 매우 이례적인 일로 치부되었다. 이런 상황에서 캐서린 왕비는 궁정의 귀부인 친구들에게 차를 우려서 대접하기 시작했고, 이것이 곧 왕족과 귀족들 사이에 새로운 유행으로 자리잡게 되었다.

모국인 포르투갈을 자랑스럽게 생각했던 캐서린 왕비는 자신의 저택인 서머싯 하우스와 왕의 저택인 윈저성 실내에 동양에서 수입한 차 캐비닛을 나란히 세워두고, 중국과 일본의 자기들로 장식했다. 이처럼 이국적인 정서가 넘쳐나는 방에서 캐서린 왕비는 자주 다회를 열었다. 고가의 차도구를 갖추고, 모국에서 익힌 세련된 매너를 선보인 왕비는 모두에게 선망의 대상이 되었다.

캐서린 왕비는 같은 무게의 은과 그 가격이 같았던 브라질산 설탕을 듬뿍 넣은 차를 대접하곤 했는데, 귀하고 사치스런 기호품인 차에 또 하나의 귀중품인 설탕까지 첨가해서 마신다는 것이 상류층의 호화로운 취미에 적중하며 급속하게 확산되었다.

당시 캐서린 왕비가 애용하던 차도구는 동양의 자기였는데, 그중에서도 가장 주목을 받은 것이 매우 작은 크기의 티볼(tea bowl)이었다. 손잡이가 없는 작은 찻잔이다. 이 당시인 17세기의 유럽에는 아직 도자기를 만드는 기술이 없었다. 그런 상황에서 백색의 투명하고 얇은 동양 자기는 찬탄의 대상이 되었고, 이런 고가의 동양 차도구를 손에 넣고 차를 마시는 자신의 모습을 초상화로 남기는 것이 귀족들 사이에서 하나의 유행이 되었다.

이렇게 캐서린 왕비를 통해 차는 영국 귀족들 사이에서 최고급의 새로운 문화이자 음료로 자리를 잡게 되었다. 다음 세기가 되었을 때 영국인들은 그녀를 '드링킹 퀸'이라고 불렀다.

한편, 캐서린 왕비의 남편인 찰스 2세가 사망하자 그 동생인 제임스 2세(James II, 재위 1685~1688)가 왕위를 물려받았는데, 그의 두 번째 왕비가 된 여인이 이탈리아 출신의 메리 모데나(Mary of Modena)였다. 그녀는 일찍이 네덜란드의 궁정이 있는 헤이그에서 신부 수업을 받았고, 네덜란드의 음다 방식에 익숙해져 있었다. 그런데 네덜란드의 음다 방식은 캐서린 왕비가 유행시킨 포르투갈 방식과는 다른 것이었다. 가장 큰 차이점은 주전자에 끓인 녹차를 티볼(손잡이 없는 찻잔)에 따른 다음, 이를 다시 찻잔받침에 따라서 호로록 소리를 내며 마신다는 것이었다. 뜨거운 음료를 직접 마시는 데 익숙하지 않은 유럽인들에게 알맞은 방식이어서 네덜란드는 물론 프랑스, 오스트리아, 독일, 러시아 능에노 이런 음다법이 삽시간에 피저 나갔는데 영국은 제일 늦게 도입한 셈이었다.

메리 모데나는 유행에 무척 민감해서 1680년대의 프랑

찰스 2세와 캐서린 왕비

스에서 유행하던 음다법, 즉 차에 우유를 넣어 마시는 밀크티도 받아들여 궁정에 이를 전파했다. 이 당시에는 차에 우유와 설탕은 물론 값비싼 향신료도 첨가하여 마셨는데, 특히 설탕의 양이 중요했다. 설탕을 듬뿍 넣어 티스푼이 설 정도로 진한 차를 마시는 것이 상류층이 가장 동경하는 차의 모습일 정도였다.

메리 모데나의 남편인 제임스 2세는 명예혁명에 의해 국외 추방을 당했는데, 그 뒤를 이은 것이 그의 장녀인 메리 2세(Mary II, 재위 1689~1702)였다. 그녀는 어릴 때 네덜란드의 윌리엄(William III) 공과 결혼하여 헤이그에서 궁정생활을 해왔고, 따라서 네덜란드의 음다 문화에도 익숙해 있었다. 나아가 당시 유럽에 유행하던 중국열풍, 곧 시누아즈리(Chinoiserie)에도 심취하여 동양의 자기 수집에도 열을 올렸다. 그녀는 햄프턴코트 궁전과 켄싱턴 궁에 진열장을 갖추고 중국 도자기를 사모아 진열했다. 이런 여왕의 취미는 귀족층으로도 확산되었다.

중국 도자기에 대한 열풍은 유럽의 도자기 산업 발달을 촉진시키기도 하였다. 메리 2세는 네덜란드의 델프트(Delft) 도자기도 좋아하여 많은 그릇들을 주문했는데, 이로써 동양 자기와는 다르게 화려한 티세트가 유행하게 되었다. 프랑스는 이 무렵부터 세브르(Sèvres)에서 중국풍 인물화ㅏ 돈물그림이 새겨진 다기를 제작하기 시작했다.

메리 2세가 즉위한 1689년은 영국의 동인도회사가 처음으로 중국의 샤먼에서 직접 차를 수입하기 시작한 해이기도 하다. 이렇게 직접 차 무역을 하게 되면서 영국의 차 가격은 점차 안정을 찾게 되었고, 음다 문화는 더욱 왕성하게 발전해갔다. 이 무렵에는 또 복건성 무이산에서 처음으로 반발효차가 만들어지기 시작했는데, 그때까지 변질된 녹차만 마시던 유럽인들에게 '보히'라고 불리던 이 반발효차는 큰 인기를 끌었다. 차의 변질이 적었을 뿐만 아니라 설탕이나 우유를 넣어 마시는 음다법에 더욱 알맞은 차였기 때문이다.

메리 2세의 재위 시기에 암스테르담에서는 유럽의 차 열풍을 다룬 연극 한 편이 상연되었는데, 그 제목이 〈차에 미친 부인들〉이었다.

달달하면서도 환상 가득한
찰리와 초콜릿공장 애프터눈 티

어렸을 적 달콤한 초콜릿의 매력에 한번쯤 빠져 보지 않은 사람은 거의 없을 것이다. 그 추억을 간직하고 있는 사람이라면 꼭 방문해야 할 곳이 런던 중심부에 위치한 원 알드위치이다. 이 호텔은 인버레스크 하우스Inveresk House로 알려진 에드워디안 건물에 위치하며 모닝 포스트 빌딩 Morning Post Building으로 불리우기도 했다. 1907년에 지어진 건물인데 런던의 철골조 건설의 초기 유형으로 주목받고 있을 정도로 건축적인 면 뿐만 아니라 역사적으로도 유명한 곳이다. 1937년까지 모닝 포스트Morning Post 신문의 본부였으며, 1928년부터 모닝 포스트와 일러스트 런던 뉴스The Illustrated London News의 사무실이 있었다.

이 건물은 1986년 영국 잉글랜드에서 2급 상장을 받았다. 1998년 이 호텔은 에드워디언Edwardian 스타일을 유지한 제스티코 와일즈Jestico+Whiles에 의해 복원되었으며 400여 개의 예술품 컬렉션을 포함하여 루이 16세의 장식품 등으로 재단장되었다. 런던 중심부

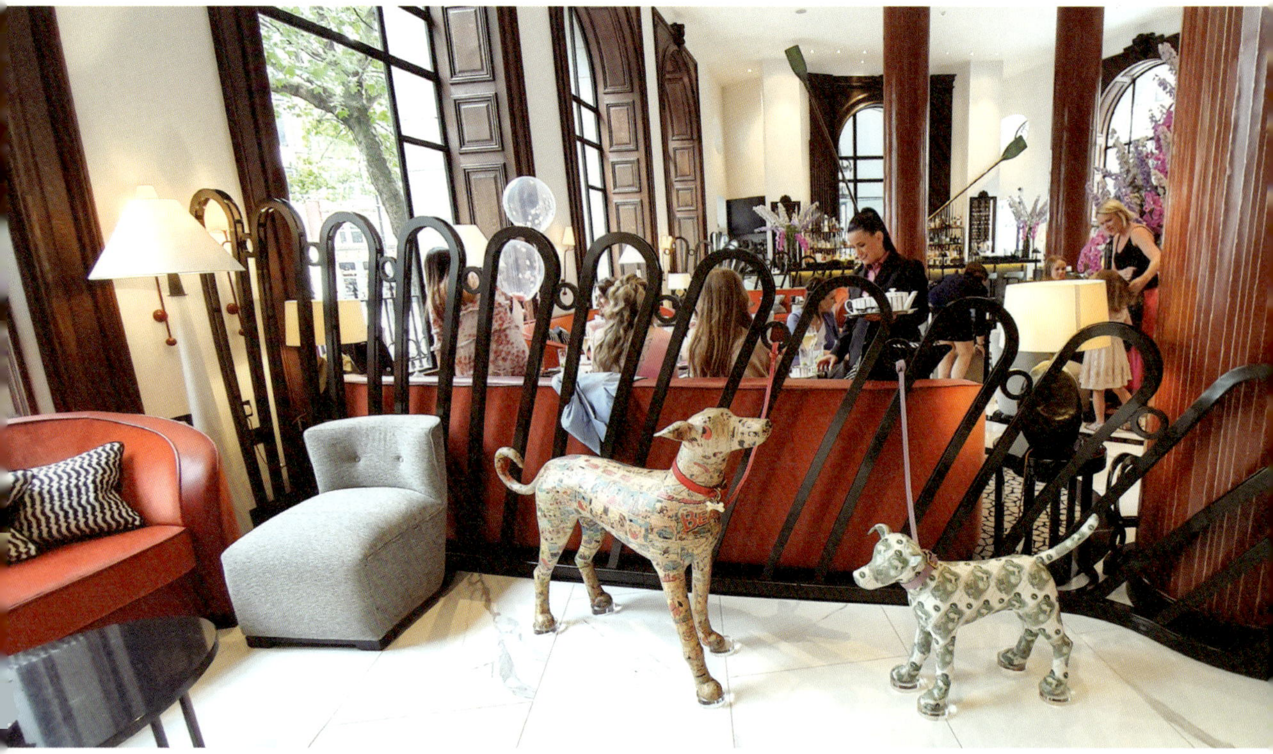

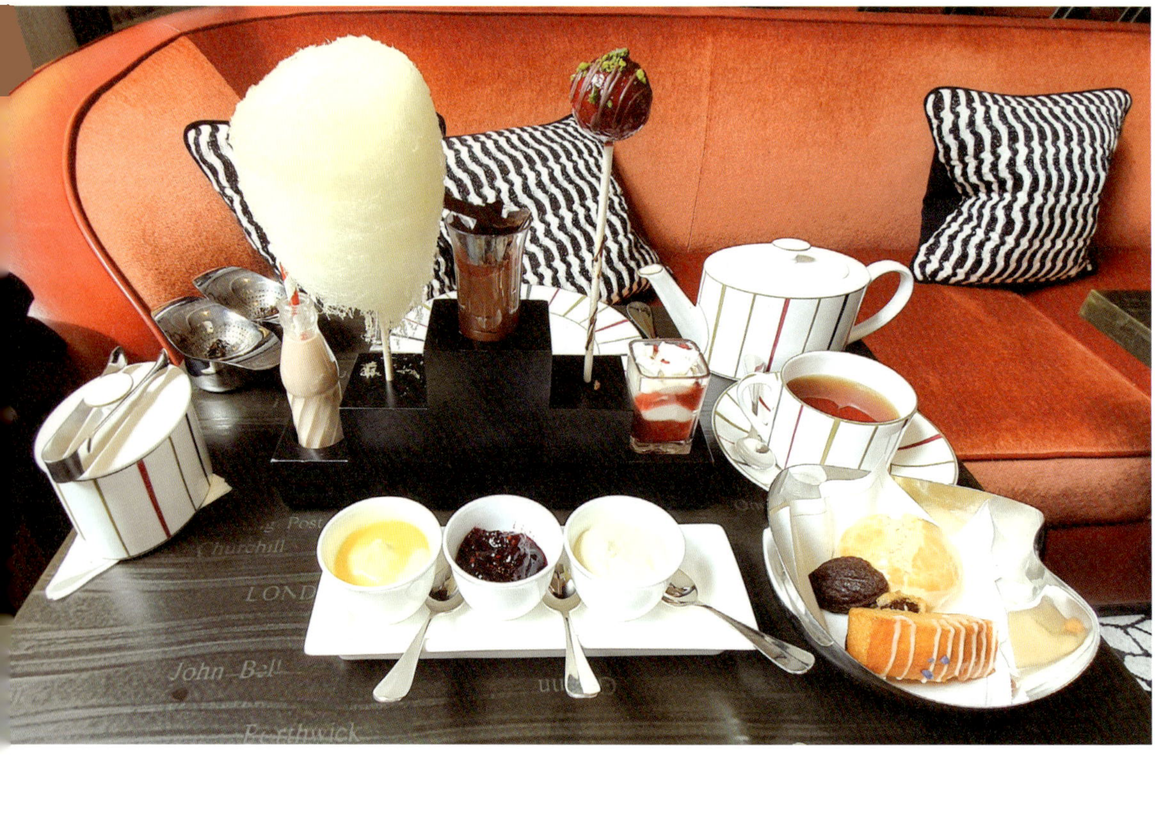

에 위치해서 세인트폴 대성당과 런던브리지까지 도보로 갈 수 있으며 코벤트 가든은 코앞에 있을 정도다.

건물에 들어서면 고풍스런 외관과는 달리 현대적인 디자인의 부띠끄한 호텔의 면목을 보여주는데, 특히 천장이 높아서인지 많은 사람들이 붐비는 가운데에서도 답답하다든지 소란스럽지가 않다는 점이 큰 장점이다.

호텔 로비에 들어서면 로비 바가 있는데, 이곳에서 애프터눈 티를 제공한다. 원 알드위치One Aldwych 호텔은 찰리와 초콜릿 공장Charlie and the Chocolate Factory의 공식적인 파트너 호텔이다.

'찰리와 초콜릿 공장'은 로알드 달Roald Dahl의 소설로 발표되었다. 아이들이 초콜릿 공장을 견학하면서 벌어지는 환상적인 모험을 주제로 해서 여러 번 영화화되었다. 팀 버튼이 감독하고 조니뎁이 윌리윙카로 등장하는 〈찰리와 초콜릿 공장〉이 성공을 거두면서 대중들에게 더욱 친숙한 이야기가 되었다.그래서 초콜릿을 주제로 한 다양한 애프티눈 디 세트를 맛볼 수 있다. 다양한 초콜릿의 맛을 보며 달달하면서도 풍미 가득한 초콜릿의 향취와 더불어 꿈 많던 동심의 세계에 빠져볼 수 있다. 그 달달함을 더해줄 수 있는 막대 솜사탕까지. 특히 크리스마스 축제 때에는 사랑하는 연인이나 가족과 더불어 가까운 위치에 있는 로얄 오페라 하우스나 극장 등에서 공연 관람를 하고 원 알드위치 호텔의 달콤한 애프터눈 티를 즐긴다면 아주 훌륭한 코스라 할 수 있겠다. 2인 기준 서비스 요금 포함 102파운드이며 저녁에는 공연 관람을 할 수 있다.

🏠 1 Aldwych, Covent Garden, London WC2B4BZ ☎ +44 (0)20 7300 0400 🌐 www.onealdwych.com
⏱ 월~토요일 12.30pm–3pm, 일요일 12.30pm–5pm. 🚇 Charing Cross, Covent Garden 🅾 Covent Garden, Royal Opera House, Somerset House, The Courtauld Institute, London Transport Museum, The Theatre Museum, The British Museum, London Film Museum, Theatre Royal Drury Lane

정원과 온실이 있는 디자인 호텔의 애프터눈 티

넘버 식스틴Number Sixteen 호텔은 5성급 호텔치고는 규모가 작은 편이다. 하지만 런던의 중심부에 위치한 대표적인 가족 호텔이자 연인들을 위한 호텔로 알려져 있으며, 호텔 내부는 물론 외부의 멋진 디자인 덕분에 디자인 호텔, 혹은 부띠끄 호텔로 불릴 정도로 유명세를 얻고 있다.

넘버 식스틴 호텔은 빅토리아풍의 하얀 타운하우스가 줄지어 있는 한적한 주택가 동네에 위치해 있다. 'NO16'이라는 번지수만 적힌 현관문 외에는 별도의 표시가 없어서 그냥 지나치기 쉬운 곳이다. 하지만 빅토리아 앤 알버트 박물관, 자연사 박물관이 도보거리에 있는 예쁜 가족 호텔로 가성비 좋은 숨겨진 애프터눈 티 명소로 유명한 곳이다.

번지수를 찬찬히 헤아리며 찾아간 넘버 16 현관에 들어서면 티룸으로 가는 로비에서부터 유니크하게 꾸며진 실내장식이 눈길을 사로잡는다. 가족 호텔답게 티룸으로 이어지는 거실들이 모두가 다르게 디자인되어 꾸며져 있다. 에스닉 소품, 골동품, 현대적인 미술품과 직물들이 어우러져 신선하고도 우아

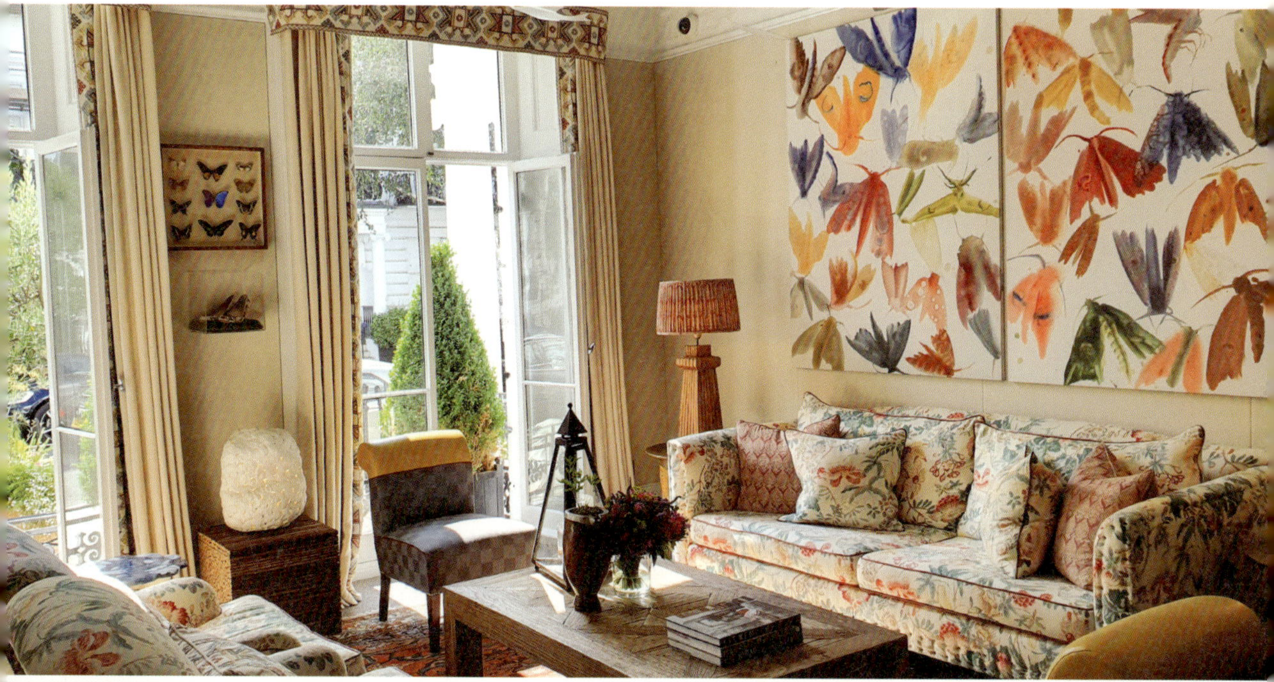

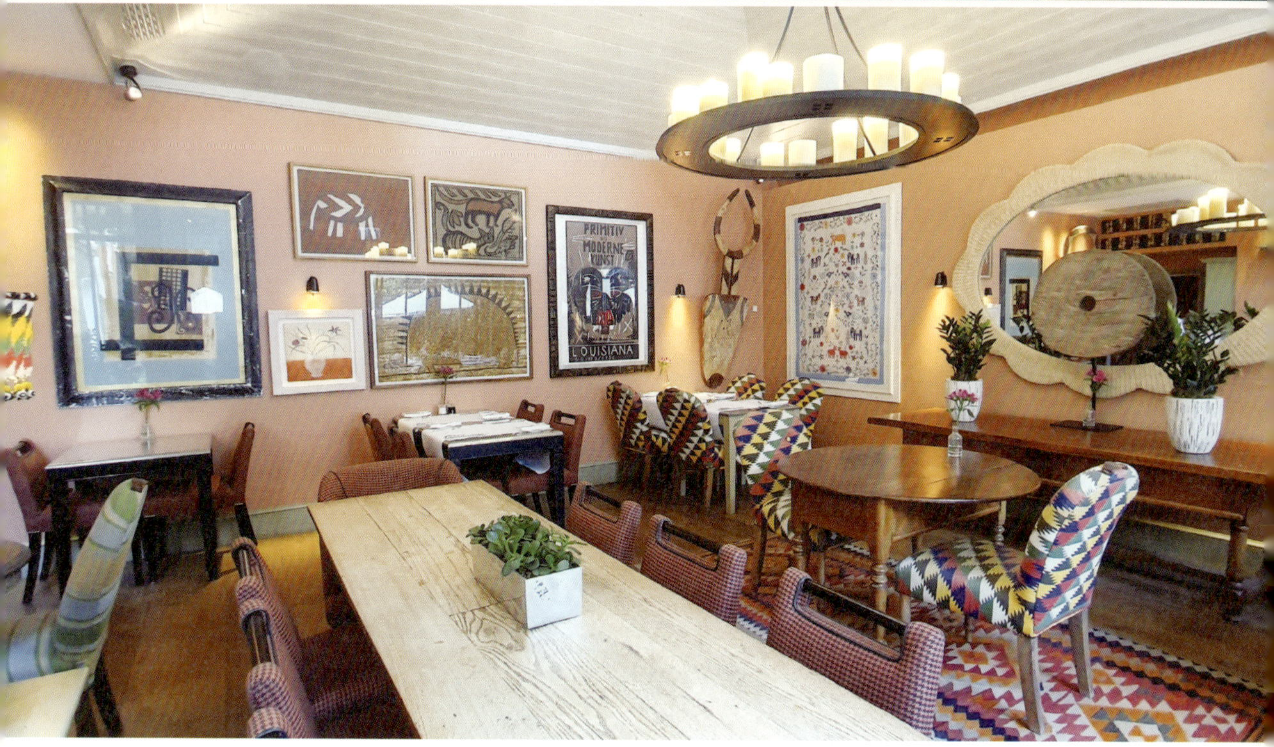
PRIMITIV
MODERNE
KUNST
LOUISIANA

한 미적 공간을 연출하고 있다.

빅토리안 양식의 건물 입구에 들어서면 이 호텔의 다소 과장된 듯한, 하지만 균형감과 격조를 잃지 않는 화려한 디자인이 우선 눈에 들어온다. 로비는 로맨틱한 장미 프린트로 장식되어 있고 곳곳에 유화와 컬러풀한 가구들이 배치되어 있다. 판타지 동화를 연상시키는 독특한 컬러의 장식품들과 가구들은 정교하면서도 디테일이 살아 있어 어느 방향으로 어떻게 사진을 찍더라도 예술이 된다.

디자이너 키트 캠프Kit Kemp가 디자인하고 고른 작품들이 적재적소에서 빛나고 있다. 한 공간에는 큰 나비 그림(알리슨 레이놀즈 작품)이 걸려 있고, 한쪽 서가에는 도서관의 가죽 제본 책들이 있고, 개인 집 거실 같은 페브릭 헤드 보드의 직물 커튼, 독특한 문양의 첼시 직물들과 어우러지는 예술품들이 연출되어 있어서 세계 각지의 민속품들이 하나 하나 감상할 만큼 유니크하다.

각 공간마다 개성 있으면서도 편안한 분위기의 거실들을 지나면 중앙정원에 티룸이 있다. 외부에서는 안뜰이 있을 것 같지 않은 공간에 연못과 잘 가꾸어진 나무들과 미니 오랑제리까지 있는 시원한 안뜰 정원이 나타난다.

이 작은 호텔의 애프터눈 티가 런던 사람들은 물론 세계인들을 매료시킨 이유는 이 호텔의 잘 가꾸어진 정원과 오렌지 온실 덕분이라고 해도 과언이 아니다. 온실 안에서도 애프터눈 티를 즐길 수 있고, 야외의 정원에서도 애프터눈 티를 즐길 수 있는데, 다만 예약을 할 때 미리 좌석을 정해야 한다.

애프터눈 티 레스토랑에도 다채로운 안락의자, 에스닉한 소품들과 그림들, 남미풍의 테피스트리 등 세계 여행에서 영감을 받은 공예품들이 오밀조밀하게 꾸며져 있다. 쿠션도 화려한 유리구슬과 셸 버튼 같은 예쁜 디테일을 갖추고 있어서 여성 고객들의 마음을 사로잡는다. 친구들이나 가족들 중 여성들끼리만 이곳을 자주 찾는 고객들을 볼 수 있다.

애프터눈 티 세트의 가격도 카페 수준이어서 가성비가 아주 좋은 장소이다. 에스닉풍 공간에 어울리는 신화 속의 모티브로 디자이너 키트 캠프가 디자인한 웨지우드 다구들에 애프터눈 티 세트가 나온다. 예쁜 정원을 내다보면서 차를 마시며 친구와 한참을 담소하는 경험은 더 없이 소중한 시간이 될 것이다.

햇살이 좋은 오후, 전형적인 영국 저택 내부의 개인정원에서 즐기는 애프터눈 티 한잔은 그야말로 달콤한 여유와 행복 자체가 아닐까. 정통 애프터눈 티는 20파운드, 크림티는 10.5파운드부터여서 가격도 비교적 만만한 편이다.

16 Sumner Place, London, SW7 3EG   +44 (0)20 7589 5232   www.firmdalehotels.com/hotels/london/number-sixteen   South Kensington   Hyde Park, Natural History Museum, the Science Museum, the Victoria and Albert Museum, The Royal Albert Hall, Harrods

화려한 꽃세상과 녹음의 천국

리치몬드Richmond는 런던의 소문난 부촌 가운데 한 곳이다. 중세의 위용을 보여주는 건물들과 고즈넉한 거리들 사이에 리치몬드 공원이 있는데, 런던에서 가장 큰 공원이며 서울의 올림픽공원보다 7배나 넓다는 곳이다. 런던 시민들의 안식처이자 여러 종류의 사슴을 비롯한 동물들의 천국이다. 본래는 영국 왕실의 사냥터였다고 한다. 이 공원과 템즈강 사이에 있는 피터샴 너셔리Petersham Nurseries는 정원 가꾸기를 즐기는 런던 사람들에게는 성지와도 같은 곳이다. 너셔리는 우리말로 하면 '농원農園'이라고 할 수 있는데, 직접적인 농사나 정원 가꾸기보다 그냥 꽃 구경이나 식물 구경을 더 좋아하는 사람들이라면 식물원을 상상해도 좋을 곳이다.

피터샴 너셔리는 우선 실내외를 막론하고 화사하고 아름다운 꽃들과 녹음으로 가득 채워진 공간이다. 어디에 서 있든 사방으로 계절에 맞추어 피어나는 꽃들이 향기를 발산하고 있고, 어디에 앉아 있든 눈이 시리게 푸른 나무와 풀들이 천지에 가득하다. 숨가쁘게 돌아가는 도심 한복판에 이런 공간이 있다는 사실 자체가 비현실적으로 느껴질 정도다. 찾는 이마다 한 걸음 옮길 때마다 카메라 셔터를 누르느라 정신이 없다.

피터샵 너셔리는 농원답게 가드닝에 필요한 모든 것을 전시하고 판매하는 공간이다. 각종 모종과 씨앗은 물론 꽃과 나무를 팔고, 원예에 필요한 모든 도구와 재료들도 판다. 그런데 어느 것 하나 진열된 상품처럼 느껴지기보다는 그 자체로 완벽하게 디자인되고 데코레이션된 장식물처럼 여겨진다. 주인과 종업원들의 섬세한 손길이 묻어나지 않는 물건이 없다. 화분이며 받침대 따위의 물건들조차 빈티지 느낌이 물씬 나고, 삽이며 호미조차 저절로 쥐고 싶을 정도로 감각적이다. 나무를 심고 꽃을 가꾸는 고된 노동조차 여기서는 일종의 신선놀음이 될 듯하다. 원예에 필요한 도구들만 파는 것도 아니다. 가구, 샹들리에, 각종 유리제품과 거울 등 온갖 빈티지 느낌 물씬한 골동품들도 함께 판매하는 홈웨어 매장이다. 상품의 가격은 대체로 비싼 편이어서 눈 호강에 만족하는 경우가 많다.

야외 정원과 온실 안의 샵들을 둘러보는 것만으로도 저절로 힐링이 되고 자연에 온전히 파묻힌 느낌이 든다. 하지만 이 특별한 농원에는 또 하나의 매력이 있다. 바로 카페와 레스토랑에서 파는 음식과 홍차다. 최고급 홍차와 매일 새로 요리하는 티푸드들이 제공되며, 레스토랑은 미슐랭 스타에 뽑힌 적이 있을 정도로 음식 맛으로도 유명하다. 런던의 멋쟁이들은 이곳의 카페와 레스토랑을 통째로 빌려 최고급 생일 파티나 결혼식 파티를 열곤 한다.

차와 식사는 날씨에 따라 온실 안이나 야외에서 모두 즐길 수 있고, 식사와 함께 제공되는 샐러드는 이곳 농원 현지에서 직접 유기농으로 재배하여 수확한 채소들을 이용한다. 2015년 런던 최고의 슬로 푸드slow food 레스토랑에 선정되기도 했다. 코벤트 가든에도 분점이 있는데, 식물 천국에서의 향기로운 홍차 한잔을 꿈꾼다면 당연히 리치몬드의 피터샵 너셔리를 추천한다.

Church Lane, Off Petersham Road, Richmond, Surrey, TW10 7AB +44 (0)20 8940 5230 http://petershamnurseries.com Tea House 수～일요일 10:00am～5:00pm Richmond Station Richmond Park

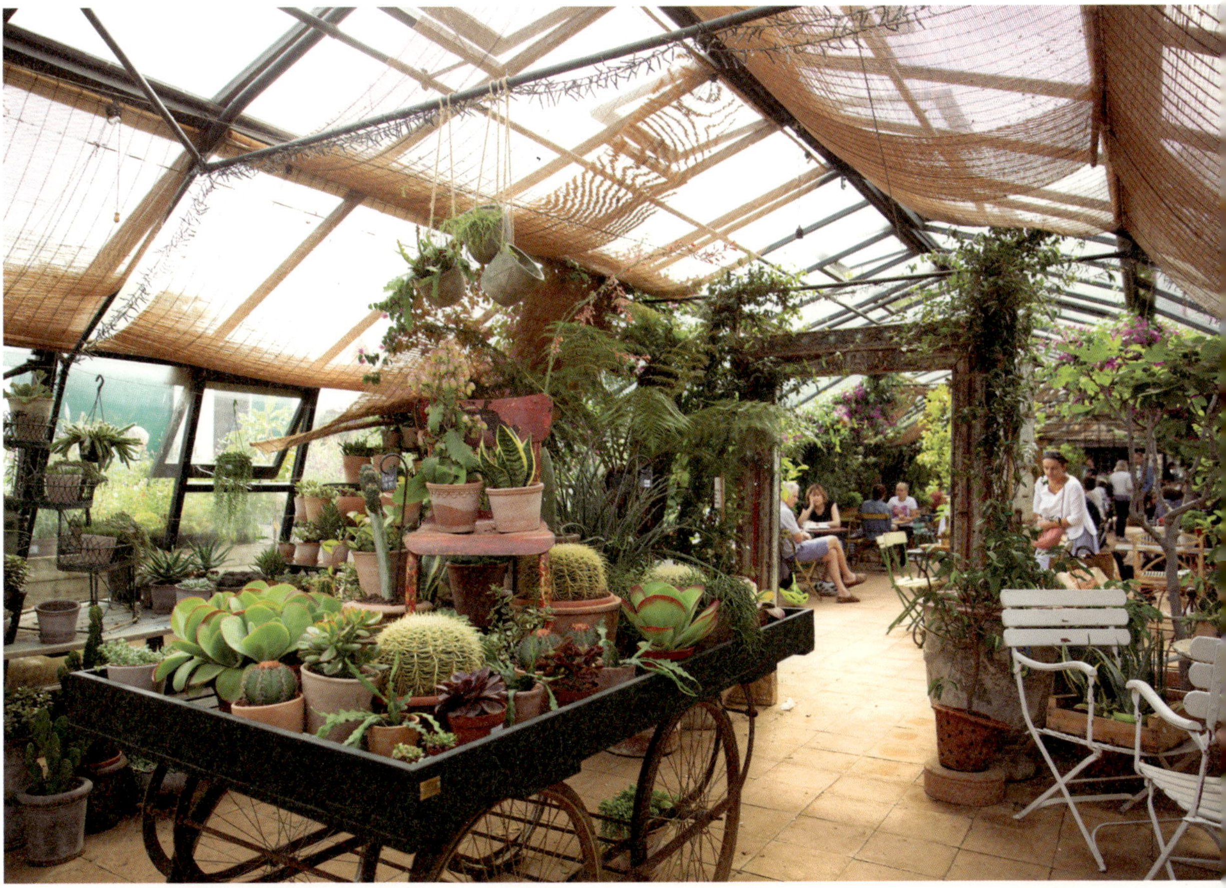

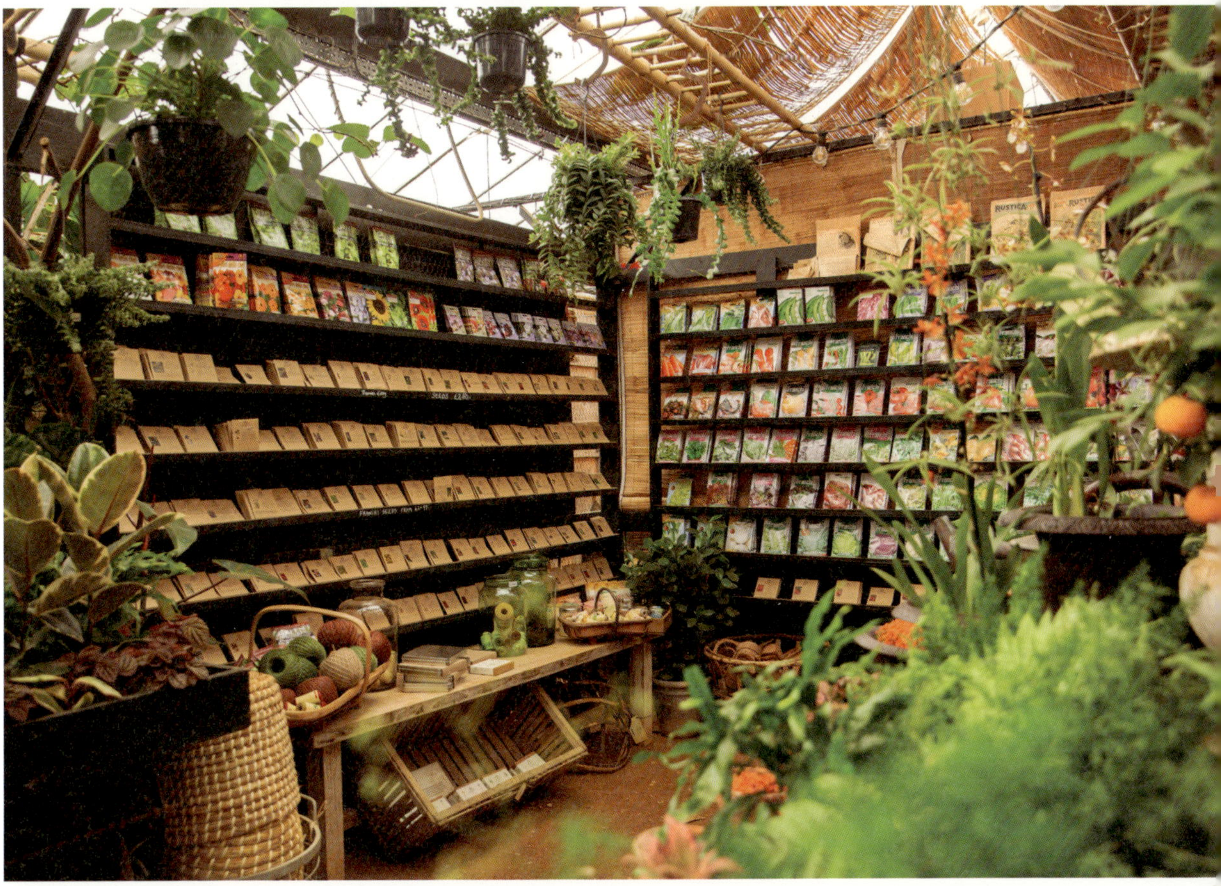
RUSTICA

기품있고 럭셔리한 런던 정통 애프터눈 티의 진수

런던에서 우아하면서도 럭셔리한 정통 영국 애프터눈 티를 맛보고자 한다면 방문 코스로 빠질 수 없는 곳이 리츠 호텔The Ritz London이다. 리츠 호텔은 영국 웨일즈 왕자(훗날 영국 왕 에드워드 7세)로부터 '왕들의 호텔리어, 호텔리어의 왕'이란 칭호를 얻은 세자르 리츠Cesar Ritz가 1906년 런던의 메이페어 중심부에 위치한 피카딜리Piccadilly에 개관한 최고급 호텔이다. 영국 왕실뿐만 아니라 수많은 정재계, 문화계 사람들의 사랑을 받은 곳으로도 유명한데, 호텔 홍보 책자의 표지 모델로 등장하기도 한 찰스 황태자를 비롯해 호텔 곳곳에서 영국 왕실의 사랑을 느낄 수 있다. 가장 영국적인 배우라고 할 휴 그랜트와 줄리아 로버츠가 열연한 영화 '노팅힐Notting Hill'에서 줄리아 로버츠가 머물던 호텔이기도 하다.

우아하면서도 럭셔리한 호텔 내부 장식은 영국 왕실의 기품 있는 분위기를 느낄 수가 있다.

2002년부터는 연회, 케이터링 서비스 분야에서 웨일즈 왕자인 찰스 왕세자로부터 최초로 로얄 워런트Royal warrant를 받아 호텔 홍보책자에 등장하는 로얄 워런트급 호텔이다. 1, 2차 세계대전의 전쟁기간 동안에도 세계적인 국제 비밀회의의 장소로 사용되기도 했고, 정치사회적 저명인사, 왕족 및 귀족들이 장기적으로 머무는 은신처를 제공하기도 했다. 폴 게티와 같은 명사들이 리츠의 지분을 사들이고 리츠에서 거주해서 호텔이라기보다는 국제적 명사들의 만남의 장소로서 사회적 허브 구실을 하기도 했다.

리츠의 건물은 프랑스 신고전주의 양식으로 지어졌다. 파사드는 70미터에 달하며 리츠 파빌리온 지붕의 모서리에는 호텔의 상징인 청동색 구리 사자상이 있다. 리츠의 건축 디자인은 찰스 미웨스와 아서 데이비스가 맡아서 프랑스 신고전주의 양식인 루이16세 스타일로 디자인되었다. 당시로서는 새로운 공법인 철골 구조물로 지어졌다.

호텔 건축 역사상 걸작으로 평가되는 리츠의 인테리어는 그리스로마 양식을 미학적 이상형으로 여겨서 그 고전적인 형태가 반영되어 있다. 이오니아식 분홍 대리석 재질의 대형 기둥이 팜 코트의 양쪽 입구 벽면에 있다. 팜 코트라는 네이밍에 맞추어 야자수 화분이 곳곳에 있으며 입구의 기둥과 야자수 화분들은 궁전과도 같은 모습으로 리츠 애프터눈 티의 상징으로 이용되고 있다. 내부는 윈터 가든 방향으로 커다란 창문 모양의 20개의 거울 패널로 되어 화려함을 더하고 있다. 곳곳에 금박을 입힌 청동 조각상이 화려하게 장식되어 있다. 황금색으로 길딩 된 큐피드와 아프로디테 여신상도 있고 황금색 화환으로 장식된 분수 조각품에는 타이튼과 골드빛 인어로 묘사된 바다요정이 있다. 팜코트 실내 주조색은 살구색과 크림색으로 다른 실내장식과

함께 리노베이션을 할 때마다 1906년에 디자인된 그대로 복원하는데 총력을 기울여서 현재까지도 런던에서 가장 아름다운 실내장식 중 하나로 알려져 있다.

드레스 코드가 엄격하기로 소문난 호텔이기에 방문시에는 복장에 주의를 할 필요가 있는데, 만일 복장이 문제가 있다면 대여가 가능하다.

영국 정통 애프터눈 티를 격식있게 럭셔리하면서도 기품있게 즐길 수 있는 곳이 바로 팜 코트Palm Court이다. 이 팜 코트는 런던 애프터눈 티의 진수를 맛볼 수 있는 곳으로 정평이 나 있는데, 런던 내 지점 중 이 리츠호텔 지점이 가장 유명하다. 커다란 샹들리에가 있는 화려한 홀에서 고급스러우면서도 예쁜 커트러리cutlery가 미리 세팅되어 손님을 맞이한다. 이 리츠 호텔의 최대 장점 중 하나가 영국의 유일한 차 소믈리에 인증을 받은 호텔로 독점적인 '리츠 로열 블렌드 티Ritz Royal Blend Tea'를 사용한다는 것이다.

전통적이고 화려하고 분위기를 중요하게 여기는 리츠의 주요 다구들은 실버웨어로 제공된다. 실버 웨어에는 리츠의 상징인 사자상이 손잡이 윗부분마다 작게 장식되어 있다. 뜨거운 실버티팟 손잡이에는 린넨 넵킨이 부착되어서 섬세한 서비스를 느낄 수 있다.

대부분의 호텔급 애프터눈 티 세트처럼 세이버리 코스, 스콘 코스, 스윗 트릿 코스 모두 접시가 트레이에서 분리되어 테이블에 따로 놓여질 수 있다. 2단, 3단의 디저트는 종류가 많아서 샌드위치는 3단 트레이 옆에 따로이 긴 사각접시에 놓는다. 모든 디저트와 차는 계속 리필된다.

리츠의 차Tea 코스는 18가지 차가 기본 애프터눈 티에서 제공되며, 3가지 스페셜 티는 주문시 약간의 추가요금이 부가되기도 한다. 리츠는 늘 예약고객이 붐벼서 예약시간이 되면 다음 세팅을 위해 자리를 떠야 하는 아쉬움이 있다.

은은하게 흘러나오는 현악 5중주의 연주를 듣거나 때로는 피아노나 하프 연주를 감상하면서 맛보는 애프터눈 티는 잊을 수 없는 추억을 만들기에 더할 나위 없이 좋은 곳이다.

정통 애프터눈 티는 1인당 58파운드이며 여기에 샴페인이 추가되는 샴페인 애프터눈 티는 1인당 77파운드이다.

🏠 150 Piccadilly, St James's, London W1J 9BR ☎ +44 (0)20 7300 2345 🌐 www.theritzlondon.com 💴 매 일 11.30am, 1.30pm, 3.30pm, 5.30pm, 7.30pm 👔 gentlemen are required to wear a jacket and tie for afternoon tea in The Palm Court (청바지와 운동복은 착용 불가) 🚇 Green Park 🅿 Royal Academy of Arts, Green Park, Saville Row, Burlington Arcade, Bond Street, Fortnum & Mason 🕐 1년 전부터 예약

앨리스의 마법을 테마로 한 애프터눈 티

영국의 애프터눈 티는 1840년대 상류층 귀부인들 사이에서 누리던 차문화에서 비롯되었다. 고급스러운 은식기와 화려한 티웨어, 하녀를 부르는 은종까지 갖추고 있을 정도로 화려함의 극치였다고 한다. 그후 홍차가 일반인들에게 대중화되고, 상류층의 문화를 동경하는 서민들 사이에서 퍼지면서 애프터눈 티는 영국 어디에서든지 즐길 수 있는 영국인들의 대중적인 문화로 자리잡았다. 대개 정오가 지난 오후 1시에서 5시 사이에 어느 호텔이나 티룸, 카페를 가더라도 접할 수 있는 것이 애프터눈 티 메뉴다. 가히 애프터눈 티의 나라라고 할 수 있을 정도다. 특히 호텔의 경우 그 호텔의 특성에 맞게 이 애프터눈 티 메뉴를 재구성하고 있는데, 이색적이면서도 재미있는 컨셉으로 유명한 곳이 소설 '이상한 나라의 앨리스'를 테마로 한 샌드슨의 매드 해터스MAD HATTERS 애프터눈 티다.

　샌드슨은 1950년대에 지어진 건물을 2000년에 필립 스탁Philippe Starck이 초현실적인 분위기로 리뉴얼한 5성급 호텔이다. 호텔에 들어서면 로비부터 예사롭지가 않다. 심플하면서도 포스트모던적인 분위기. 필립 스탁의 시그니처 디자인으로 꾸며진 퍼플 바의 의자 등받이에 그려진 제각각의 한 쪽 눈 모양이 왜 이곳이 '이상한 나라'인시를 사각하게 해 준다.

　애프터눈 티 티룸은 퍼플 바를 지나서 야외 중앙정원으로 조성된 테라스에 연출되어 있다. 연못에는 앨리스 동화 속에 나오는 핑크 플라밍고 조각품들이 있고 작은 폭포와 대리석 벽면까지 덩굴식물들로 무성한 정원이 펼쳐진다. 입구 쪽의 꽃으로 장식된 흔들 그네는 포토 존으로 잘 알려져 있다.

　샌더슨의 애프터눈 티는 문학작품 컨셉으로 구현한 디저트 중에 가장 창의적인 디자인으로 손꼽힌다. 테이블에 착석하면 먼저 제공되는 하드 커버의 두꺼운 동화책은 속에 메뉴판을 품고 있다. 작은 쟁반의 시약병 모양에는 차가 담겨져 나온다. 빅토리아 여왕의 시대에 발표되어 현재까지도 널리 사랑받는 '이상한 나라의 앨리스' 동화 속 인물인 재단사가 만든 티를 모티브로 만들어진 티 세트이다. 작은 병에 차의 캐릭터가 적힌 이름표가 달려 있고 다채로운 블렌딩 티가 담겨 있어 시향할 수 있다.

잠시 기다리면 마치 흰 시계 토끼를 따라서 환상의 세계로 초대된 듯한 느낌이 드는 티 세트가 연출된다. 여왕, 새장으로 장식된 블랙 앤 화이트의 티팟들과 회중시계와 얼룩말, 회전목마가 그려진 찻잔들로 테이블 가득히 세팅된다.

각설탕이 담긴 오르골 상자를 열면 '오버 더 레인보우' 선율에 맞추어 앨리스 발레리나가 춤추며 등장한다. 음악에 맞추어 앨리스의 이야기에 빠져들면 디저트의 향연으로 이어진다. 동화 속의 캐릭터들로 만들어진 컬러풀한 음료병에는 '드링크 미drink me'라는 이름표가 달려 있고, 카드병정 샌드위치, 무당벌레 레드벨벳 케이크, 커피 향 포켓워치, 버섯 마카롱, 하트 오레오 쿠키 등 동화 속 미친 모자장수의 티 파티가 펼쳐진다.

실내디자인과 티 세트, 디저드들이 모두 앨리스에 대한 오마쥬로 이어져서 마법과 같은 모험을 꿈꾸었던 동심에 대한 추억여행을 만들어 준다.

매드 해터스 애프터눈 티 가격은 1인당 48파운드이며, 기념일과 공휴일에는 1인당 58파운드부터 특별 패키지로 제공된다.

🏠 50 Berners Street, Fitzrovia, London W1T 3NG
☎ +44 (0)20 7300 5588 🌐 www.sandersonlondon.com 🕐 (Mad Hatter's Afternoon Tea) 월~토 요 일 12:30pm~4pm, 일 요 일 1pm~5pm 🚇 Tottenham Court Road, Goodge Street 🚌 Soho, Oxford Street
🏛 90일 전부터 예약

왕실 지정 홍차 가게와 요업들

찻잔 받침에 뜨거운 차를 따라 호로록 소리를 내며 마시던 음다법을 유행시킨 메리 2세가 후사없이 사망하자 그녀의 동생 앤(Anne, 재위 1702~1714)이 왕위를 물려받았다. 그녀 역시 시누아즈리 애호가이자 차 마니아여서 잠시도 손에서 찻잔을 놓은 적이 없었다고 한다. 그녀는 차를 '가끔' 마신 것이 아니라 규칙적으로 마셨으며, 특히 아침식사에는 반드시 중국차를 마셨다고 한다. 그녀의 시대에 영국의 찻자리는 중대한 변화를 맞는데, 기존의 작은 중국제 찻주전자(tea kettle) 대신 큰 사이즈의 티 포트를 사용하게 된 것이다. 한꺼번에 많은 손님들을 접대하기 위한 변화였다. 이때 티 포트의 재료는 은이었는데, 영국에 아직 자기를 만드는 기술이 없었기 때문이다. 유럽에서 자기를 처음 만든 것은 독일로 1709년부터였다.

앤 여왕 시대에는 또 차가 본격적인 상품으로 거래되기 시작했다. 그 이전에는 차가 동인도회사 등이 왕실에 헌상하는 진상품으로 인식되었는데, 이 무렵이 되면 차의 무역이 더욱 활발해지면서 누구나 돈만 내면 사서 마실 수 있는 음료가 되었다. 동인도회사의 활약으로 차의 수입량이 늘면서 가격도 점차 안정되었고, 귀족층의 시누아즈리 열풍으로 차도구에 대한 관심도 높아져 점차 관련 산업도 성장하기 시작했다. 이에 따라 귀족 외에 부르주아 계급에서도 음다의 풍습이 성행하기 시작했고, 여기에 발맞추어 자연스럽게 차를 상품으로 취급하는 가게들이 나타나게 되었다.

1706년에 영국 최초의 차 전문점으로 트와이닝스 (Twinings)가 가게를 열었다. 본래는 커피하우스로 시작한 가게였는데, 앤 여왕이 사랑하던 차를 주력상품으로 내세우며 가게 한 켠에 별도의 코너를 만든 것이었다. 요즈음의 개념으로 하자면 샵인샵(shop in shop)이다. 그런데 당

시누아즈리 열풍을 일으킨 중국 다구들

시의 커피하우스는 여성들의 출입이 금지되어 있었고, 따라서 장사는 성공적이지 못했다. 여기서 차를 구하려면 집사나 하인에게 큰 돈을 맡겨 사오도록 해야 했는데 이는 상당히 불편한 일이 아닐 수 없었다. 이런 시대 상황을 인지한 트와이닝스는 1717년에 마침내 독립된 차 전문점 골든 라이언(Golden Lion)을 새로 오픈했다. 여성들의 출입이 제한되지 않아 장사는 대성공이었고, 차가 중산층 계급에 파급되는 데 크게 기여했다.

1707년에는 앤 여왕의 일상용품 공급을 담당하던 윌리엄 포트넘과 휴 메이슨이 공동으로 식료품점 포트넘 앤 메이슨(Fortnum & Mason)을 열었다. 여왕이 이용하는 식재료와 잡화를 취급하는 점포여서 개점 당시부터 상류층 고객들이 몰려들었고, 1720년경부터 이들의 요구에 부흥하여 홍차를 판매하기 시작했다. 나중에는 자체적인 브랜드의 홍차를 만들어 판매했는데, 최근까지 왕실과의 인연을 강조한 최고급 홍차 제품들을 꾸준히 선보여 큰 인기를 끌었다. 1902년에 앤 여왕의 즉위 200주년을 기념하는 '퀸 앤'이라는 브랜드의 홍차 제품을 내놓았는데, 현재까지 100년이 넘도록 팔리는 클래식티가 되었다. 이어 현

재의 여왕인 엘리자베스 2세의 즉위 50주년 기념으로 '다이아몬드 주빌리'를, 60주년 기념으로 '퀸즈 티'를 선보였고, 윌리엄 왕세손의 결혼 기념으로 '웨딩 브랙퍼스트 티'를 선보이기도 했다.

앤 여왕이 후사 없이 승하하자 새로운 하노버 왕조가 시작되었는데, 조지 3세(George Ⅲ, 재위 1760~1820) 시대에 이르러 영국의 도자 산업이 큰 변화를 맞게 된다. 조지 3세의 부인인 샬럿(Charlotte) 왕비는 특히 도자기에 관심이 많아서 웨지우드(Wedgewood) 요업에 다양한 찻잔과 커피잔 세트를 주문하곤 했다. 이 당시 웨지우드가 생산한 차 도구는 크림 웨어로, 도기와 자기의 중간 형태였다. 웨지우드는 이 유백색의 자기에 전사법(transfer printing)을 활용하여 아름다운 문양을 입혔다. 샬럿 왕비는 이 아름답고 우아한 다기 세트에 몹시 만족하여 '여왕의 자기(potter to her majesty)'라는 명칭을 허락하였고, 이로써 퀸즈 웨어(queen's ware)가 시작되었다. 이후 웨지우드는 발전을 거듭하여 지금까지 영국을 대표하는 도자 업체로 인정받고 있으며, 웨지우드를 설립한 조사이어 웨지우드(Josiah Wedgwood)는 영국 도공의 아버지로 불리고 도자와 예술을 결합한 인물로도 평가받고 있다.

최초의 런던 웨지우드 전시장

템즈강가의 편안하고 럭셔리한 티룸

사보이 호텔The Savoy은 런던을 가로지르는 템즈강 강변에 위치한 유일한 5성급 호텔이자 130년의 역사를 자랑하는 곳이다. 영국 귀족들의 저택이 줄지어 있던 곳에 1889년 호텔이 처음 세워졌고, 이후 이 일대는 영국이 아니라 유럽의 번영을 상징하는 곳이 되었다. 특히 40여 개의 극장과 고급 레스토랑들이 들어서면서 이 일대는 영어권 세계에서 가장 수준 높은 공연이 열리는 곳으로 명성을 얻었다. 주변 명소로는 런던의 상징이자 세계에서 가장 큰 자명종 시계가 달려 있는 빅벤과 런던아이, 웨스트민스터 사원이 자리하고 있다. 이 호텔은 프랭크 시나트라, 캐서린 햅번 같은 유명인사가 머물렀던 곳으로 유명하며 1920년대를 연상시키는 칵테일 바를 비롯하여 고급스럽고 유서 깊은 분위기를 느낄 수 있다.

사보이는 영국에서 최초로 전체 건물에 전기가 공급되고 전기 엘리베이터가 설치된 곳이기도 하다. 이곳에서는 한 달에 한 번 이벤트로 패션쇼를 감상하면서 애프터눈 티를

즐길 수 있는데 이러한 1950년대 스타일의 애프터눈 티 패션쇼에서는 크리스챤 디올 등의 컬렉션을 가까이에서 볼 수 있다.

　　오페라하우스와 40여 개의 극장이 있는 코벤트 가든과 근접해 있고 북쪽으로는 트라팔가 광장이 도보로 가능한 곳에 위치해서 사보이는 각 분야 예술가들이 머무는 곳으로 유명해졌다. 긴 역사만큼 많은 저명인사들이 사보이에 머물렀으며 템즈 포이어 티룸 내부에는 단골 고객이었던 인물들인 알프레드 히치콕, 마리아 칼라스, 마릴린 먼로 등의 실제 크기 전신 초상화가 티룸 곳곳에 걸려 있다. 티 테이블에 앉으면 마치 20세기 유명인들과 마주하고 있는 듯한 느낌이 들면서 그들의 스토리텔링과 함께 애프터눈 티를 즐길 수 있는 곳이다.

　　전설의 셰프인 오귀스트 에스코피에 Auguste Escofier가 호주의 오페라 가수 넬리 멜바 Nellie Melba에게 팬심 어린 마음으로 멜바 토스트와 피치 멜바를 만들어 헌정해서 사보이 음식의 명성을 높이기도 했다. 현재에도 세계의 셀레브레티들이 사보이를 찾지만 예전과는 달리 스타들이 프라이버시를 중요시해서 이를 홍보에 사용하지는 않는다고 한다.

예약 시에 고객이 기념일에 체크해두면 축하 내용의 손글씨가 적힌 예쁜 카드를 받을 수 있다. 당신이 받는 사보이 초상화 카드는 에바 가드너 또는 프랭크 시나트라 카드가 될 수도 있으며 템즈 포이어의 우아한 티타임을 간직하게 해준다.

사보이는 다른 티룸에 비해서 많은 30가지 정도의 차들을 갖추고 있다. 다양한 산지의 홍차뿐만 아니라 용정차, 동방미인 등의 동양 차들도 갖추고있다. 차를 마시면서 찬찬히 주위를 살피다 보면 여직원의 유니폼에 새 모티브가 새겨진 것을 발견할 수 있다. 이것은 사보이 새들의 이야기를 로고로 수놓은 것이다. 1918년 사보이에 머물고 있는 한 소녀가 코벤트 가든에서 한 남자가 노래하는 새들을 파는 것을 보고 유모에게 간청해서 새들을 사들고 사보이로 돌아왔다. 새들에게 자유를 주고 싶었던 소녀는 템즈 포이어 로비에서 새장을 열어 놓아주었다. 애프터눈 티를 즐기던 손님 사이로 날아다니는 새들 때문에 모두가 깜짝 놀랐고 손님들 사이에서 즐거운 소동이 되었다. 이에 영감을 받아서 사보이를 위한 맞춤형 프린트가 디자인되었다. 새 모티브는 티 테이블의 화병, 사보이의 포장지 디자인 등으로도 사용된다.

클로드 모네, 제임스 휘슬러와 같은 당대의 화가들은 사보이에 머물면서 템즈 강변의 풍경화를 그려서 사보이의 명성을 전하고 있다. 사보이 티룸은 우아하고 품위 있는 실내 디자인으로도 유명하다. 노란 야생화가 아로새겨진 스테인드 글래스 돔 천장 아래로 아르데코 양식의 대형 가제보가 놓여 있다. 가제보는 계절에 따라 덩굴식물로 장식되기도 하고 안쪽에는 스타인웨이 피아노가 있어서 늘 음악이 연주된다.

런던을 배경으로 한 유명한 영화 '노팅힐'에서 주인공 줄리아 로버츠의 마지막 기자회견 장면이 여기 사보이 호텔에서 촬영될 만큼 스타들의 장소로 알려져 있다.

이곳의 애프터눈 티는 1인당 최저 75파운드이며, 전통적인 애프터눈 티 외에 하이 티도 즐길 수 있다. 티푸드로는 핑거 샌드위치, 클로티드 크림과 잼이 들어간 수제 스콘 등 섬세하고 상상력이 풍부한 페이스트리와 시그니처 케이크가 제공된다.

사보이 호텔의 애프터눈 티는 호텔이 처음 문을 연 1889년부터 손님들의 인기를 끌었다. 템즈강을 한눈에 볼 수 있는 곳에 자리 잡고 있고, 최고급 서비스를 만끽할 수 있는 곳이어서 패셔너블한 커플들이 애프터눈 티와 티푸드를 즐기는 명소로 금방 소문이 났

다. 하지만 1920년대까지는 애프터눈 티보다 모닝 티의 인기가 더 높았다고 한다.

가족이나 연인 등과 편안하고 밝은 분위기에서 애프터눈 티를 즐기고 싶다면 가장 추천할 만한 곳이 사보이 호텔의 템즈 포이어라고 할 수 있다. 런던을 대표하는 또 하나의 호텔인 리츠의 경우 상대적으로 더 전통적이고 보수적인 느낌이 든다.

🏠 189 Strand, Wc2r 0eu, London 📞 +44 (0) 20 7836 4343 🌐 www.thesavoylondon.com 🕐 매 일
13:00~17:45 🚇 Covent Garden, Bond Street, Oxford Circus 🚌 Big Ben, London Eye, Westminster Abbey

예술과 자연, 홍차가 하나로 어우러진 곳

월레스 컬렉션The Wallace Collection은 18세기와 19세기에 걸쳐 월레스 가문이 수집한 다양한 그림, 조각, 가구, 무기, 갑옷, 도자기 등의 걸작들을 모아 놓은 일종의 박물관이자 갤러리이다. 월레스 가문은 이 건물과 수집품 일체를 1897년 국가에 기증했고, 지금은 나라에서 관리한다.

서로 다른 인테리어로 장식된 수십 개의 방에 국제적으로 뛰어난 소장품들이 전시되어 있어 중세 유럽의 귀족 저택에 방문한 느낌을 물씬 풍긴다.

5대에 걸쳐서 세대를 이어가면서 각 분야별로 예술품 수집의 전통을 이어온 월레스 가문의 주옥같은 작품들을 만날 수 있다. 특히 18세기 프랑스 로코코 예술의 진수들을 감상할 수 있다. 프랑스 혁명의 여파로 파리에서 흩어져나온 진귀한 예술작품, 도자기, 가구들을 대거 수집할 수 있었기 때문이다. 그림엽서에서 보던 와토의 그림들과 마담 퐁파도르가 아끼던 세브르 자기, 식기들이 장식장 및 가구들과 함께 한 곳에 어우러져 있다. 그래서 로코코 관련 장식미술이나

예술품, 패션계의 콜라보 이벤트가
활발하게 열린다.

또 다른 인기 전시 공간은 무기 전
시실인데 동양의 무기고에는 벽을 수
많은 무기 소장품들로 패턴화해서 전
시하고 있고, 중세 및 르네상스의 무
기와 갑옷 콜렉션은 세계 최고로 꼽
힌다.

각종 유화작품들을 비롯한 아름다
운 전시물들을 무료로 관람할 수 있
다는 점 외에 이 컬렉션의 또 다른 매
력이 하나 있다. 바로 컬렉션 자체만
큼이나 아름답기로 유명한 티룸이다.
유리 천장으로 햇빛이 쏟아져 들어오

는 이곳의 티룸은 온통 분홍색으로 장식되어 젊은 여성들이라면 누구나 반하지 않을 수
없는 매력을 뽐낸다.

자연광으로 가득하고 나무와 조각품들이 점점이 흩어서 있는 월레스 레스토랑은 식당
겸 티룸으로, 이곳의 애프터눈 티에는 핑거 샌드위치, 수제 스콘, 그리고 다양한 종류의
맛있는 케이크가 제공되며 고전적인 코니시 크림티Cornish Cream Tea도 있다.

예술품 감상 후 자연 속에서 즐기는 애프터눈 티 한잔의 여유는 런던 여행에서만 경험
할 수 있는 특별한 매력이 아닐 수 없다. 월레스 컬렉션이 위치한 메릴본Marylebone은 런
던의 대표적인 부촌 가운데 하나로, 일대를 산책하는 것만으로도 런던 여행의 특별한 기
분을 만끽할 수 있다.

🏠 Hertford House, Manchester Square, London W1U 3BN 영국 ☎ +44 20 7563 9500 🌐 wallacecollection.
org 🕐 매일 14:30∼16:30 🚇 Bond Street, Baker Street & Oxford Circus 🅿 The Regent's Park.

빅토리아 시대로 타임머신의 초대

런던에는 1,000개 넘는 박물관이 있다고 한다. 당연히 대영박물관과 자연사박물관을 비롯한 초대형 박물관들도 즐비하고, 저마다의 특징을 살린 중소 규모의 박물관들도 거리 곳곳에서 만날 수 있다. 해가 지지 않던 대영제국의 엄청난 힘과 돈으로 세계 각지의 보물들을 끌어모았으니 박물관의 숫자나 규모도 당연히 상상을 초월하게 된 것이다.

이런 런던에서도 가장 대표적인 왕립 박물관 가운데 하나가 빅토리아 앤 알버트 뮤지엄Victoria & Albert Museum이다. 세계 최고의 미술 및 디자인 박물관으로 손꼽히는 곳이며, 선사시대 이후 현대에 이르기까지 인간이 만들어 낸 건축, 가구, 패션, 섬유, 사진, 조각, 그림, 보석, 유리, 도자기 등과 관련된 230만 점 이상의 유물들을 소장하고 있다. 만국박람회에 전시되었던 제조업 관련 전시품들을 영구적으로 전시하기 위해 1852년 처음 문을 열었으며, 박물관 건물은 런던박람회의 감독인 헨리 콜이 당시 유명했던 디자이너와 화가들에게 설계와 실내장식을 의뢰하였다. 유명 예술가들의 협업으로 윌리엄 모리스 룸이라는 박물관급 공간이 디자인되었다.

박물관 내의 티룸은 1857년부터 오픈되었다. 런던박람회의 감독이던 헨리 콜이 사람들이 전시회에 와서 문화를 즐기면서 휴식을 취하는 동선에 착안하여 방문객에게 차와 빵 또는 식사를 제공하는 방식을 채택하였다. 맛있는 냄새와 환대하는 분위기, 연회와 같은 화려한 소리들로 방문객들을 유치하기 위해 이에 알맞은 디자인으로 실내장식이 꾸며진 카페를 구상하였다. 세계 최초로 박물관에서 식음료를 제공하는 시설로 설계된 것이다.

박물관 내부에 세 개의 레스토랑이 연결되어 있다. 아치 기둥으로 세 개의 공간이 연계되어 지어져 있고 실내디자인은 각각 다르다. 애프터눈 티 티룸은 디자인의 아버지라고 불리는 윌리엄 모리스가 실내디자인을 했고 모리스의 이름을 따서 현재까지 운영되고 있다. 별칭으로 '그린 룸'으로도 불린다.

당시 산업혁명에 대한 반발로 일어난 아트 앤 크래프트 운동의 기수였던 윌리엄 모리스의 대표 작품들이 티룸에 타임캡슐처럼 남아 있다. 과일 그림과 올리브 나뭇가지가 있는 패널과 그림 띠가 있는 나무 웨인 코스팅 장식이 있고 벽의 주요 부분과 천장 주위에는 석고 프리즈가 있다. 에드워드 번 존스Edward Burne Johns가 기사와 중세 성서의 이미지를 그린 스테인드 글라스 창문이 있다. 또 티룸 옆으로는 제임스 샘블의 이오니아식 기둥이 있다.

1899년에 빅토리아 여왕이 박물관의 규모를 키우고 현재의 이름을 붙여 왕립 박물관으로 재탄생시켰다. 박물관 건물 자체가 빅토리아 시대의 웅장하고 화려한 작품인 셈이다.

하루 종일 구경해도 다 보기 어려울 정도로 많은 유물들을 전시하고 있는 이 박물관에서는 홍차 마니아라면 누구나 그 이름을 알고 있는 도자기 업체 웨지우드Wedgwood의 초창기부터 현재에 이르는 작품들도 별도로 모아서 전시하고 있다. 영국인들에게 본차이나 도자기는 가장 현대적인 산업이자 장식미술의 첨단이었고, 웨지우드는 300년이 조금 못 되는 영국 도자 산업의 대표주자라 할 수 있다.

빅토리아 앤 알버트 박물관의 윌리엄 모리스 티룸에서는 애프터눈 티 디저트 메뉴를 19세기 중반에 출간된 요리서의 레시피에 맞추어 만든다. 티웨어는 버얼리사 제품이다. 버얼리Burieigh는 1862년 창립되어 현재까지 전통적 수공예 방법으로 다구를 만드는 것

으로 알려져 있다. 진한 그린 컬러의 아시아 패전트 문양은 윌리엄 모리스 티룸의 컬러에 맞추어 따로 생산되는 제품이다. 빅토리아 시대의 아트 앤 크래프트 디자인에 컨셉을 맞추어 그 시대의 다구 제품을 재생산하여 티 테이블 웨어로 세팅하고 있다. 차의 종류는 6종류로 다른 애프터눈 티 레스토랑에 비해 차 선택의 폭은 적은 편이다. 『비튼 부인의 가정서』, 『마샬의 요리책』을 출처로 디저트를 만들고 각 음식에 1897년부터 1901년까지의 조리법이 출간된 특정 연도의 자료가 함께 제공된다. 당시에 자주 등장했던 인도 음식이 샌드위치 메뉴로 나온다. 앤쵸비 샌드위치, 오이 샌드위치 등도 고전적인 메뉴이다. 레몬 번트, 파피씨드 케이크, 피스타치오 오렌지 케이크가 나온다.

스콘은 미식가였던 빅토리아 여왕이 즐겨 먹던 얼 그레이 스콘과 플레인 스콘이고 이 스콘은 『비튼 부인의 가정서』 레시피로 만든다. 빅토리아 시대의 레시피에 의한 티푸드들은 다소 고전적이고 시대에 뒤떨어진 인상을 줄 수 있으나 박물관과 티룸의 빅토리아 시대로의 시간여행을 컨셉으로 하는 이 티룸에서는 애프터눈 티 클래스도 개최된다.

단, 매주 금요일 13시에서 19시까지 예약제로만 운영되므로 반드시 사전에 예약을 해야 한다(victoriantea@benugo.com). 오이 샌드위치, 인디언 햄 샌드위치, 과일 스콘 등이 다른 곳에서는 보기 어려운 특별한 티푸드로 제공된다. 있으며, 빅토리안 애프터눈 티는 1인당 30파운드이며, 예약을 하지 못했을 경우에는 제임스 갬블James Gamble이 디자인한 식당 갬블 룸이나 에드워드 포인터Edward Poynter가 디자인한 포인터 룸, 혹은 가든 티룸을 이용할 수 있다.

🏠 London Cromwell Road South Kensington, London SW7 2RL ☎ +44 (0)20 7942 2000 🌐 http://www. vam.ac.uk/ 🕐 매주 금요일 13:00~19:00 🚇 south Kensington station

홍차 마니아들의 성지

런던 사람들은 무엇이든 런던에서 최고면 세계에서도 최고라는 자부심을 가지고 있다. 그렇다면 런던의 최고 백화점은 어디일까? 최고급 명품 제품들을 판매하는 백화점은 세계 어느 도시에 가든 가장 웅장하고 화려한 장소인데, 런던에서 이런 백화점의 최고봉을 꼽으라면 아마도 많은 사람들이 해로즈Harrods를 지목할 것이다. 하이드 파크나 자연사박물관과도 가깝고, 홍차를 모르는 여행자들에게도 꼭 가봐야 할 명품 백화점으로 유명하다.

쇼핑객들을 설레이게 하는 '해로즈'라는 이름은 1849년 찰스 헨리 해로즈가 식료품점으로 시작한 백화점이다. 150여 년 동안 런던의 중심 브롬톤 블록에서 쇼핑객과 관광객들을 매료시킨 장소이다. 식료품점으로 시작되었으나 해로즈는 당시 차 판매에 주력했던 차 상인이었다. 1851년 런던 박람회를 기폭제로 사업을 키워나갔으며 1898년에는 영국 최초로 에스컬레이터를 매장에 설치해서 화제가 되기도 했다. 눈을 의심케 하는 세계 최고의 명품들부터 꽃집과 약국에 이르기까지 그야말로 백화점의 진수를 보여준다.

식료품으로 출발한 백화점답게 1층 푸드 홀에는 차, 커피, 초콜릿을 비롯한 엄선된 식품들을 만날 수 있다. 창립자인 헨리 해로즈는 훌륭한 차 상인으로서 긍지를 가지고 차 산지에서 직접 차를 구매하고, 경매에서도 최고의 차만을 구매하였다. 이런 열정은 전문 블랜더들로 하여금 14번, 16번, 49번 등 수많은 해로즈의 스테디셀러 티들을 탄생시켰다. 좋은 품질의 차에 대한 해로즈의 자부심은 현재까지도 이어지고 있다.

홍차를 좋아하는 사람들이라면 이 백화점에만 하루 종일 있어도 질리지 않는다. 웨지우드 도자기를 비롯한 최고급 홍차 다구들, TWG나 동인도회사의 홍차를 비롯하여 백화점 자체 브랜드를 붙인 다양한 홍차들, 마카롱과 각종 티푸드 등 런던의 화려하고 럭셔리한 홍차 문화의 모든 것을 이 백화점에서 만날 수 있다. 초창기부터 왕실에 홍차를 납품하던 백화점이었으니 홍차 관련 제품들이 많은 것은 어쩌면 당연한 일인지도 모른다. 그렇다고 홍차만 특히 많은 것도 아니다. 커피며 와인, 각종 주류 등도 엄청나게 다양하다.

지하 1층과 지상 6층으로 된 이 백화점의 4층에는 더 티 룸The Tea Room이 있다. 정식 애프터눈 티를 즐길 수도 있고, 간단하게 크림티나 홍차만을 즐길 수도 있는 티룸이다. 예전에는 조지안 레스토랑The Georgian Restaurant으로 불리던 곳이며, 조지 5세의 대관식이 있던 1911년에 완성되어 새로운 왕을 기리기 위해 조지안 레스토랑으로 이름 지어졌다. 한 번에 1,200명을 수용할 수 있는 대형 티룸이었다. 1차 세계대전 직후 최초로 애프터눈 티 댄스파티가 열린 곳이다. 영국 홍차 문화를 이끌어온 백화점이 해로즈라면, 그런 역사의 중심에 놓인 티룸이 바로 이곳이다. 세계 최고의 명품 백화점, 그것도 홍차의 역사를 이끌어온 티룸에서 애프터눈 티를 즐긴다는 생각만으로도 홍차와 티푸드의 맛은 배가 된다. 해로즈의 베스트셀러 티뿐만 아니라 우롱차, 녹차 등 다양한 해로즈 차들을 갖추고 있다. 붐비는 해로즈의 티룸에는 애프터눈 티를 즐기는 고객들도 많지만 아내나 엄마의 쇼핑이 끝나기를 기다리며 차를 마시는 가족들도 찾아볼 수 있다. 실제로도 이 티룸의 홍차와 티푸드는 런던의 전문가들에게도 좋은 평가를 받고 있으며, 2018년의 애프터눈 티 어워드Afternoon Tea Awards에서도 극찬을 받았다고 한다. 정통 애프터눈 티는 1인당 59파운드다.

87–135 Brompton Rd, Knightsbridge, London SW1X 7XL +44 20 7730 1234 www.harrods.com
매일 12:00~19:00 Knightsbridge Hyde Park

런던 젊은이들이 열광하는
미슐랭 맛집의 홍차 한잔

애프터눈 티를 판매하는 티룸이라고 하면 보통 화려하면서도 럭셔리한 중세 귀족의 거실 모습을 떠올리게 된다. 그렇지 않으면 영국식 정원이나 유리 천장이 있는 밝은 장소를 상상하게 된다. 하지만 꼭 그런 것만은 아니다. 나이트클럽을 방불케 하는 섬뜩한 입구, 현란한 조명이 포스트모던 아트를 그려내는 화려한 안내데스크, 우리네 옛날 경양식집 분위기를 풍기는 조밀한 좌석 배치, 예술인지 낙서인지 알기 어려운 포스트모던한 작품들

이 가득 들어찬 벽면 등으로 무장한 티룸도 있다. 나이 드신 분들은 적응하기가 쉽지 않은, 반대로 젊은이들은 열광하는 포스트모던 티룸 스케치Sketch가 그런 곳이다.

예술의 거리로 유명한 소호Soho 한복판에 자리 잡고 있으며, 미슐랭이 선정한 맛집이다. 건물 외관은 18세기에 지어진 전형적인 석조 건물이어서, 이런 곳에 이런 레스토랑이 있다는 게 잘 믿기지 않을 정도다. 조지안 양식의 웅장한 건물 앞에 스케치라고 쓰여진 빨간색 작은 박스 입간판이 있다. 입구 벽면에는 실물 크기의 그레이트 데인 조각품이 아래를 내려다보고 있다. 이 건물은 한때 영국왕립건축가협회 본부 건물이었다. 스케치 건물은 4개의 다른 분위기의 공간으로 기획되어 각각 다른 현대 미술의 매력을 보여준다. 스케치의 정식 이름은 스케치 갤러리인데, 티룸이 데이비드 슈리글리의 갤러리로 기획되었다. 그런데도 입구에 들어서면 완전히 별천지가 펼쳐진다. 조용하고 고즈넉한 분위기에서 즐기는 여유 있는 홍차 한잔이 아니라, 조금은 시끄럽지만 정열적이고 화려한 분위기에서 즐기는 젊고 생동감 넘치는 홍차 한잔이 기다리고 있다.

암막 커튼으로 둘러쌓인 어두운 입구에 들어서면 조명 예술가 크리스 레빈의Chris Levine 현란한 레이저 디스플레이 아트를 만나게 된다. 레이저 아트 파노라마로 엘리자베스 여왕, 나오미 켐벨, 케이트 모스의 라이트 박스 이미지를 바라보다 보면 스케치 갤러리에 들어서게 된다. 어두운 입구를 지나서 스케치에 들어서는 순간 마치 전체가 핑크로 물든 방에 들어온 듯한 느낌에 기분 좋은 당황스러움이 든다. 높은 유리돔 스타일 천장과 세련되면서 약간 어두운 실내에 데이비드 슈리글리의 그림 90여 점이 사방에 전시되어 있다. 스케치 티룸이 현대 미술 갤러리로 디자인된 공간임을 실감할 수 있다. 데이비드 슈리글리의 작품은 풍자적이고 재치있는 작품으로 잘 알려져 있는데 애프터눈 티 다구도 슈리글리가 디자인해서 마치 작가와 대화를 하고 있는 듯하다. '걱정하지마! 겟 아웃!' 등 위트와 철학이 담긴 문구들이 찻잔 바닥에 적혀 있어 애프터눈 티와 함께 고객을 미소짓게 만든다.

다소 어두운 조명 속에서 핑크 벨벳 소파에 깊숙이 앉아 전통에 현대적인 기발함을 가미한 아뮤즈 부쉬와 티푸드를 즐길 수 있다. 직원들의 유니폼은 리차드 니코 디자인으로 핑크 수트에 멕시코 모자를 쓰고 유쾌하게 애프터눈 티를 설명해준다.

티룸 중앙 트롤리에 핑크 로즈버드 티가 유리 티팟에 가득 담겨 있고 여러 가지 차들이 시향 가능하다. 스리랑카, 인도, 일본 등 세계 차 산지의 유명 차들이 스케치의 화려

하기 그지없는 로즈골드 티박스에 골고루 갖추어져 있다. 스케치는 아뮤즈 부쉬가 제공되는 프렌치 스타일 디저트가 제공되는데 트롤리에는 영국 전통에 따른 빅토리아 스폰지 케이크가 늘 준비되어 있다.

스케치 화장실은 전체가 흰 바탕에 양쪽 타원 계단을 따라서 올라가면 타원형 우주선 모양의 개별 화장실로 되어있다. 런던에서 가장 많이 셀카 사진에 등장하는 화장실로 유명한 곳이다.

홍차와 티푸드를 제외하고 인테리어로만 보면 여지없이 포스트모던 아트의 초현실적이고 전위적이며 실험적인 분위기 물씬 풍기는 갤러리다. 이런 분위기가 런던의 젊은 이들을 끌어모으고 있고, 주말은 물론 평일에도 예약을 하지 않으면 자리를 찾을 수 없는 핫 플레이스로 만들었다.

게다가 미슐랭 가이드가 별점을 준 맛집이다. 미슐랭 가이드 선정 레스토랑 가운데 정통 애프터눈 티를 맛볼 수 있는 식당은 사실 런던에도 많지 않으며, 스케치는 2016년 애프터눈 티 어워드Afternoon Tea Awards에서 상도 받았다.

기본적인 애프터눈 티 메뉴(1인당 59파운드)가 있지만 이 레스토랑에서는 계절별로 자기들이 선정한 애프터눈 티 세트를 제공한다. 가격은 무려 1인당 85파운드. 자리를 찾기 위해서도 예약이 필수지만 메뉴와 가격을 사전에 확인하기 위해서도 예약이 필수인 셈이다.

🏠 9 Conduit St, Mayfair, London W1S 2XG 영국 📞 +44 20 7659 4500 🌐 sketch.london 🚇 Oxford Circus Underground Station 🅿️ 포트넘 앤 메이슨 매장, 버킹엄궁전, 그린파크 ☕ 반드시 사전 예약 필요

보스턴 티 파티와 아편전쟁

유럽의 제국들이 대항해 시대를 열면서 동방무역의 첨병으로 이용하기 위해 만든 조직이 동인도회사(Eastern India Compan)다. 영국이 1600~1858년, 네덜란드가 1602~1799년, 프랑스가 1604~1769년, 덴마크가 1729~1801년, 스웨덴이 1731~1813년 사이에 똑같은 이름의 회사들을 저마다 만들어 운용했다. 명칭도 회사고 형식적으로도 주식회사의 모양새를 취했지만, 병사들을 강제로 징집할 수 있는 징집권과 자체 판단에 따라 외국과 전투를 벌일 수 있는 전투권을 가진 국가의 대리자들이었다.

이런 동인도회사 가운데 중국의 차를 가장 먼저 유럽에 실어날라 막대한 부를 축적한 것은 네덜란드의 동인도회사였다. 당시 중국차의 무역권은 네덜란드의 이 동인도회사가 독점하고 있었고, 따라서 차의 가격은 이 회사가 부르는 게 값이었다. 그러자 허가를 받지 않은 밀무역이 각국에서 성행하게 되고, 질 낮은 차는 물론 가짜 차까지 나돌게 되었다. 이런 상황을 타개하고자 영국의 동인도회사는 1689년부터 직접 중국에 진출하여 차 무역을 시작하게 되었다. 그럼에도 차는 여전히 가장 비싼 사치품 가운데 하나였고, 밀무역도 여전히 성행했다. 이런 상황에서도 차는 영국의 노동자 계층과 가정에까지 침투하여 더 이상 없어서는 안 될 필수 음료로 자리를 잡아갔다. 말하자면 수요가 폭발하고 공급은 늘 부족했다.

한편, 이 무렵의 영국 정부는 세계 곳곳에서 전쟁을 치르느라 막대한 재정적 부담을 떠안게 되었다. 그 부담을 완화할 가장 손쉬운 방법은 식민지 백성들에게 추가의 세금을 부과하는 것이었고, 실제로 설탕세나 인지세 등을 식민지 아메리카에 부과했다가 식민지 백성들과 마찰을 빚기도 했다. 이러한 세수 정책의 일환으로 영국 정부는

1773년에 '홍차법'을 제정하여 본국은 물론 아메리카를 비롯한 13개 식민지에도 모두 적용하기로 했다. 이 법의 핵심은 영국의 동인도회사가 독점권을 가지고 본국과 식민지 모두에 홍차를 직접 수출한다는 것으로, 당시 인도에서의 흉작으로 심각한 경영난에 처한 동인도회사를 구제하기 위한 측면도 있었다.

그럼에도 이 법은 아메리카 식민지의 백성들에게는 대체로 도움이 되는 것이었다. 밀무역에 의한 차의 수출입을 엄격히 금하고, 동인도회사가 제공하는 차에는 세금 혜택이 주어졌기 때문에 이전보다 싼 가격으로 차를 구입할 수 있게 되었기 때문이다. 식민지로서도 반대할 이유가 없는 법안이었고, 실제로 나중에 식민지 자치정부의 지도자들은 보스턴 티 파티 사건으로 인해 동인도회사가 입은 피해를 보상해주기 위해 자발적으로 성금을 모으기까지 했다.

하지만 그동안 밀무역을 통해 막대한 부를 축적하던 일부 상인들에게는 청천벽력과도 같은 조치였고, 이들이 주동이 되어 일으킨 폭동이 소위 '보스턴 티 파티' 사건이다. 1773년 12월 16일 밤, 일단의 상인들과 시민들이 인디언 복장으로 위장을 하고 보스턴에 들어온 동인도회사의 배에 올라가 선적되어 있던 340여 개의 차 상자들을 부수어 바다에 던져버리는 폭동을 일으켰다. 이 사건을 '티 파티'라고 부르는 것은 이들이 '가장 거대한 물로 차를 우려 물고기들에게 성대한 파티를 열어주었다'고 생각했기 때문이다.

이렇게 시작된 보스턴 티 파티 사건은 이후 미국의 항구들 곳곳에서 유사하게 진행되었다. 이로 인한 동인도회사의 피해도 막심했다. 이에 영국 정부는 1774년 보스턴에 함대를 파견하여 아예 항구를 폐쇄하고, 당시 아메리

카 식민지 가운데 하나였던 메사추세츠 자치정부를 해산시켜 버리는 조치를 취했다. 이어 그동안 식민지 자치정부에 위임했던 통치를 영국 정부가 직접 통치하는 방식으로 바꾸고자 하였다. 이런 식민지에 대한 영국 정부의 간섭 강화와 기타 마찰들이 더 이상 감당할 수 없는 수준에 이르게 되자 1775년에는 마침내 미국에서 독립전쟁이 일어나게 되었다. 보스턴 티 파티 사건이 유일하거나 직접적인 원인은 아니었지만, 이 사건 역시 미국 독립전쟁의 한 계기가 되었던 것은 분명하다.

19세기가 도래했을 때에도 영국은 여전히 중국에서 생산되는 차의 수입에 전적으로 의존하고 있었다. 막대한 무역 적자를 기록했음은 물론이다. 반대로 청나라는 차 무역을 통해 막대한 부를 거두고 있었고, 이런 상황을 지속적으로 관리하기 위해 서양인의 차 산지 방문을 엄격 통제했다. 차나무나 씨앗의 반출도 당연히 금지되었다. 이에 따라 유럽인들의 차에 대한 지식에도 한계가 있었다. 이들은 차나무가 중국에서만 자랄 수 있는 동양의 특수한 식물이라 믿었고, 녹차나무와 홍차나무가 별도로 있다고 생각했다.

이런 상식에 최초로 반론을 제기한 사람은 조지프 뱅크스(Joseph Banks)였다. 그는 1778년에 인도에서도 차를 재배할 수 있다고 주장했는데, 영국 동인도회사는 이 정보를 한동안 무시했다. 그런데 이런 상황이 한동안 이어지던 1823년에 영국군 소령 로버트 브루스가 중국과의 국경지대인 인도의 사디야(Sadiya)산에서 높이 1.3m, 밑둥 둘레 93cm로 제법 큰 대엽종 차나무를 발견했다. 차나무가 중국에만 있는 것이 아니라 자신들의 식민지인 인도에도 있다는 사실을 처음 알게 된 것이다. 이어 1824년에는 영국 동인도회사 소속의 찰스 알렉산더 브루스가 역시 인도의 아삼 지역 정글에서 중국 차나무와는 다른 품종의 야생 차나무를 또 발견했다. 로버트와 찰스 알렉산더는 형제이기도 했다. 이들 두 형제가 인도에서 차나무를 찾아내게 되면서 영국의 동인도회사는 마침내 인도에서의 차나무 재배와 홍차의 직접 생산에도 관심을 가지게 되었다.

1835년에는 찰스 알렉산더 브루스를 주축으로 '차 위원회'가 조직되어 본격적인 인도에서의 차 생산에 대해 연구하기 시작했다. 하지만 아쉽게도 이들이 소량 생산한 홍차는 기존의 중국 홍차에 비해 그 질이 너무나 떨어지는 것이어서, 차는 역시 중국에서 수입할 수밖에 없다는 결론만 강화시켜주었다.

이 당시 영국의 동인도회사가 중국과의 무역에서 거래하던 상품의 90퍼센트가 차였고, 그 대금은 은(銀)으로 결재했다. 하지만 대영제국의 은도 결국에는 바닥을 드러냈고, 영국의 동인도회사는 부패한 청나라 관리들을 매수하여 은 대신 인도에서 재배한 아편(阿片)을 차와 바꾸는 방식으로 밀무역을 지속했다. 당시 청나라의 부패와 나태한 사회 풍조에 아편까지 만연하면서 중국 정부는 큰 위기를 느끼게 되었고, 마침내 아편의 밀수입을 전면 금지하는 조치를 내리게 되었다. 황제의 명을 받은 청나라 관리는 항구에서 동인도회사의 배에 실려 있던 아편을 몰수하여 불살라버렸다. 이를 계기로 벌어진 전쟁이 제1차 아편전쟁(1840~1842)이다. 2년간의 전쟁에서 영국은 압도적인 승리를 거두었고, 중국은 홍콩을 영국에 할양하는 등의 상상하기 어려운 불평등 조약을 맺어야 했다. 유럽은 그동안 거대한 나라이자 동양의 신비한 나라로 여겼던 중국이 사실은 종이 호랑이에 불과하다는 것을 알게 되었다.

하지만 아편전쟁의 승리에도 불구하고 영국과 동인도회사는 차 무역에서 여전히 심각한 손실을 기록하고 있었다. 더 이상 아편을 밀수출하여 그 차액을 보전하기도 어려웠으므로 이번에야말로 새로운 대안이 필요했는데, 중국의 홍차 산지에 첩보원을 파견하여 제다법과 차나무 종자를 훔쳐오자는 계획이 그 대안으로 채택되었다. 이때 선발된 산업 스파이가 바로 로버트 포춘(Robert Fortune, 1812~1880)이란 인물이다.

로버트 포춘은 스코틀랜드 출신의 식물학자로, 당시 영국이 약용식물 연구를 위해 설립한 첼시 피직 가든(Chelsea Physic Garden)의 수석원예사였다. 식물학자라는 전문성 외에 그는 이미 1843년에 영국 왕립식물학회의 후원을 받아 중국 대륙을 여행한 경험이 있다는 점도 고려되었다. 중국어를 알고 중국인들의 문화에도 이미 익숙한 인물이었던 것이다. 1848년 다시 중국 상하이를 찾은 포춘은 만주 관리의 복장에 변발을 하고 당시 최고의 홍차인 정산소종을 생산하던 무이산 동목관에 잠입했다. 부패한 관리가 돈을 받고 그를 도왔기 때문에 가능한 일이었다. 동목관에서 포춘은 1만 3천 그루가 넘는 차나무 묘목과 종자를 구해 상하이를 거쳐 이미 영국의 식민지가 된 홍콩으로 보냈다. 홍콩에서 다시 인도의 다르질링으로 보내졌는데, 이 과정에서 묘목과 종자의 상당부분이 죽는 불상사가 발생했고 종자 가운데 일부만 겨우 살아남아서 배양실로 옮겨졌다.

포춘은 다시 무이산으로 파견되었고, 이번에는 스님으로부터 제다법을 직접 익히는 한편 묘목 2만 그루와 종자를 구해 인도로 보냈다. 이어 무이산에서 제다 기술자 6인을 고용하고, 상하이에서 다시 2인을 추가로 구해 함께 인도로 향했다. 이때 다르질링에 심은 차나무들이 자라 1860년부터는 영국이 직접 홍차를 생산할 수 있게 되었다. 이어 브루스가 고군분투하던 아삼에서도 아삼종 홍차가 생산되기 시작했다. 이에 영국은 기계를 활용하는 홍차 제다법을 만들었고, 홍차에 관한 한 중국을 앞질러 최대의 생산국이자 수출국의 입지까지 확보했다. 세계 홍차 무역의 패권이 영국의 손아귀에 쥐어졌고, 차의 가격 역시 영국이 좌지우지하게 되었다. 식민지 시대가 끝난 오늘날에도 영국은 홍차 산업의 중심지이자 홍차 가격의 결정권을 쥔 나라로 여전히 군림하고 있다.

악동 토끼 피터 래빗과 함께하는 유쾌한 티 파티

르 메르디앙 피카딜리le meridien piccadilly는 매 리어트Marriot 호텔 그룹이 런던 한복판에 운영하는 5성급 호텔이다. 런던의 수많은 필수 관광명소에 손쉽게 접근할 수 있는 편리한 위치 때문에 많은 관광객들이 찾는 것은 물론 비즈니스로 런던을 찾는 손님들도 많이 이용한다. 피카딜리 써커스 역에서 도보 2분 거리에 있으며 히스로 공항에서 차로 약 30분이 소요된다. 호텔에서 도보로 약 10분 거리에 내셔널 갤러리와 트라팔가 광장이 있으며, 도보로 약 20분 거리에 대영박물관이 있다. 이런 편리함과 5성급 호텔의 럭셔리한 서비스 외에 이 호텔을 유명하게 만든 다른 한 가지가 이 호텔의 특화된 '피터 래빗 애프터눈 티' 서비스다. 호텔의 레스토랑인 더 테라스The Terrace에서 제공되는 이 애프터눈 티는 2019년에 애프터눈 티 어워드에서 '추천작'으로도 선정되었다.

피터 래빗Peter Rabbit은 영국이 낳은 세계적인 그림책 작가 베아트릭스 포터Beatrix Potter가 창조한 캐릭터로, 토끼 가운데 가장 유명한 토끼일 것이다. 포터 여사의 『피터

THE
TERRACE
ON PICCADILLY

래빗과 친구들』 시리즈는 말괄량이이자 악동이지만 착하고 귀여운 토끼 피터 래빗과 다른 동물 친구들이 농장에서 생활하면서 겪는 일상을 그려낸 작품으로, 30개 이상의 언어로 번역되어 세계의 어린이들은 물론 어른들에게도 재미, 감동, 교훈을 전하고 있다. 만화영화로 만들어진 것은 물론 각종 캐릭터 상품이 개발되어 판매되고 있으며, 작가 포터가 실제로 토끼를 키우며 생활하던 농장 주변에는 박물관이 들어서 해외 여행객들까지 찾는 관광의 명소가 되었다. 2016년은 포터 여사의 탄생 150주년이 되는 해로, 영국 정부는 이를 기념하여 피터 래빗 캐릭터가 새겨진 기념주화를 발행하기도 했다. 포터는 토끼를 키우며 전원에서 글을 쓰고 그림을 그리던 작가이자 애프터눈 티를 즐기던 사람이기도 했다.

피카딜리 거리가 내려다보이는 티룸 테라스는 바닥부터 천장까지 창문과 발코니가 있는 빅토리아 시대의 유리 아트리움 양식이다. 밝고 통풍이 잘 되며, 여러 가지 단풍으로 장식된 이곳의 애프터눈 티 세팅은 피터의 이야기와 완벽하게 어울린다. 메뉴의 구성이나 명칭부터 여느 애프터눈 티와는 확연히 다르다. 예를 들어 이곳의 샌드위치 이름은 '맥그리거 씨네 가든Mr. McGregor's Garden'으로 콜리플라워, 브로콜리, 당근, 무, 완두콩, 고춧가루가 들어간 '채소밭' 샌드위치가 나온다. '트위스트에 걸리다Caught In A Twist'에는 훈제 연어와 햇빛에 익힌 토마토가 들어간다. 스콘에 이어 나오는 빵 중에는 '은신처 화분Flower-Pot Hideout'도 있는데, 카모마일 무스, 블랙베리, 초콜릿, 스펀지 케이크 등으로 구성된다. '토끼들이 좋아하는 것Every Bunny's Favourite'은 크림치즈와 초콜릿 당근을 위에 얹은 촉촉한 당근 케이크다. '블랙베리 덤불Blackberry Bushes'은 블랙베리 고명을 얹은 마카롱이다. 아이들에게 최고의 선물이 될 이곳의 애프터눈 티 가격은 1인당 39파운드.

21 Piccadilly, Mayfair, London W1J 0BH +44 20 7734 8000 www.marriott.com 매일 12:30~17:00 Piccadilly Circus 세인트 제임스 파크, 버킹엄 궁전, 웨스트민스터 사원, 대영박물관

27 아쿠아 샤드

구름 위에서 즐기는 동화 속 차 한잔

런던에서 마천루로 가장 유명한 건물이 런던브릿지역 인근에 들어선 더 샤드The Shard
다. 예전 런던브릿지타워 자리에 들어선 95층 높이의 이 건물에는 호텔, 아파트, 전망대,
사무실 등이 입주해 있으며, 샤드는 뾰족한 사금파리 조각을 의미한다. 건물은 실제로 위
로 올라갈수록 첨탑처럼 뾰족해지고, 구름이 끼는 날이면 건물 꼭대기가 구름 위로 올라
가기도 한다.

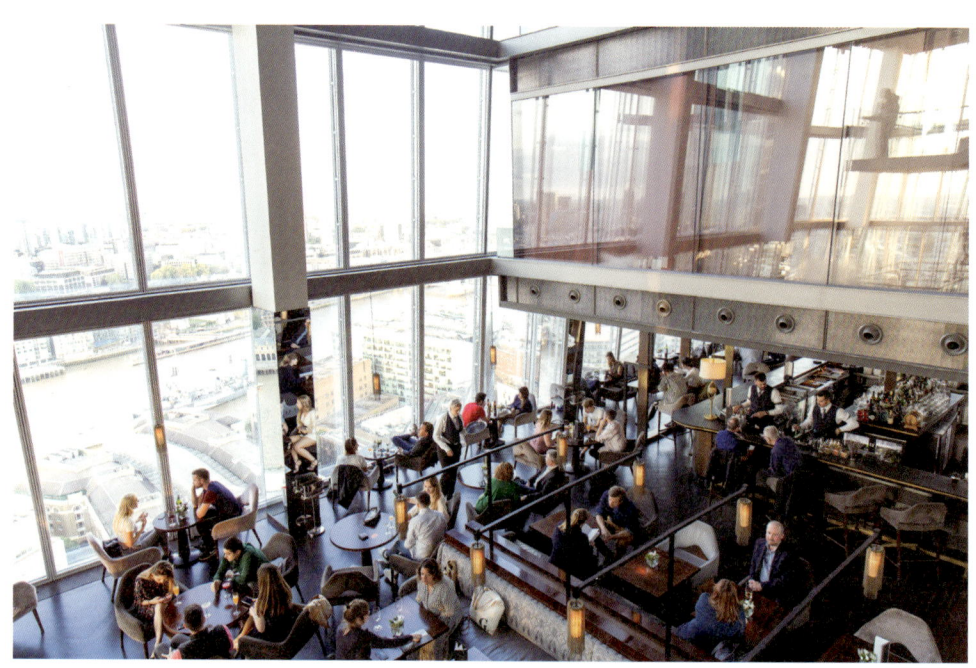

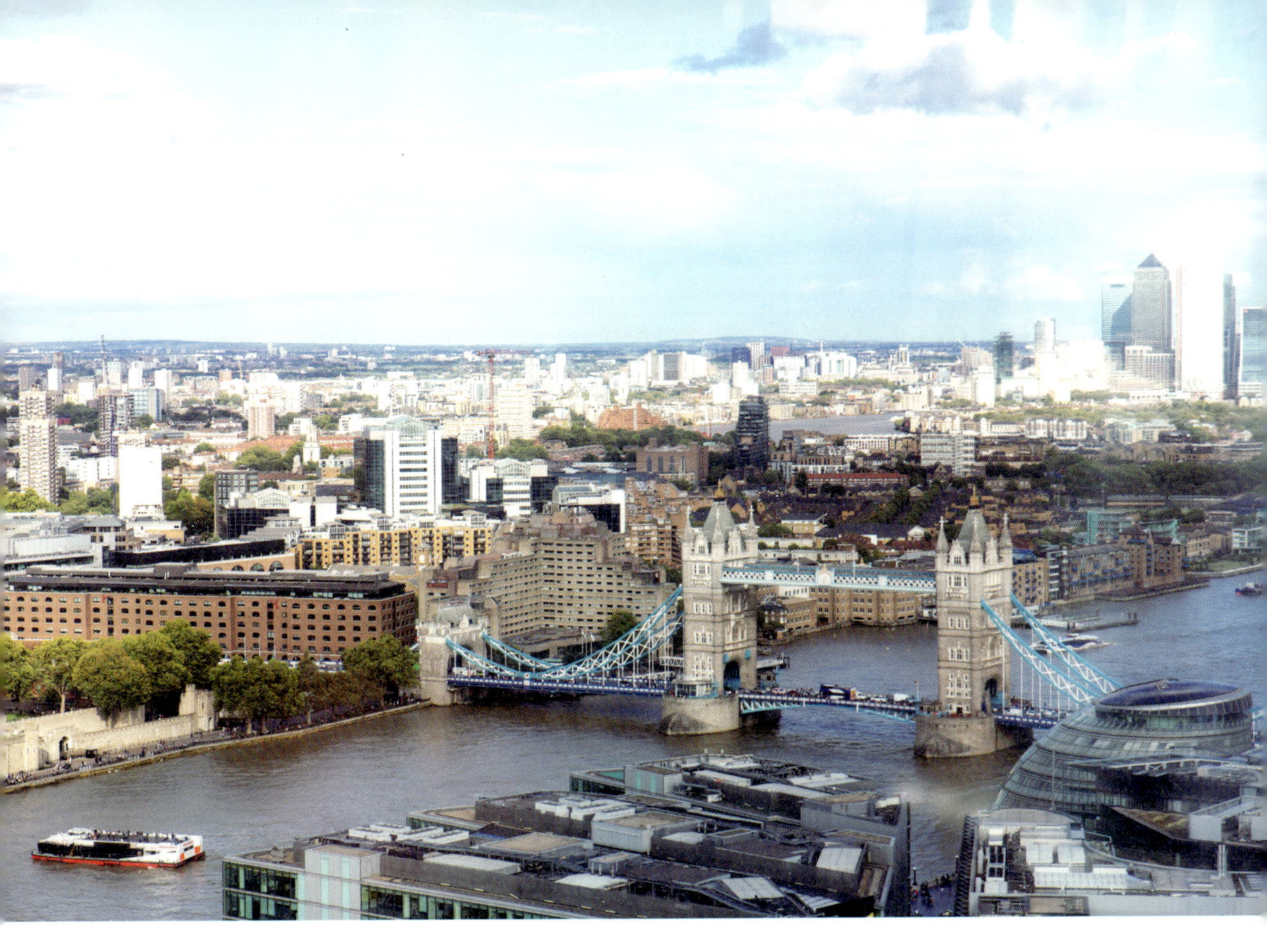
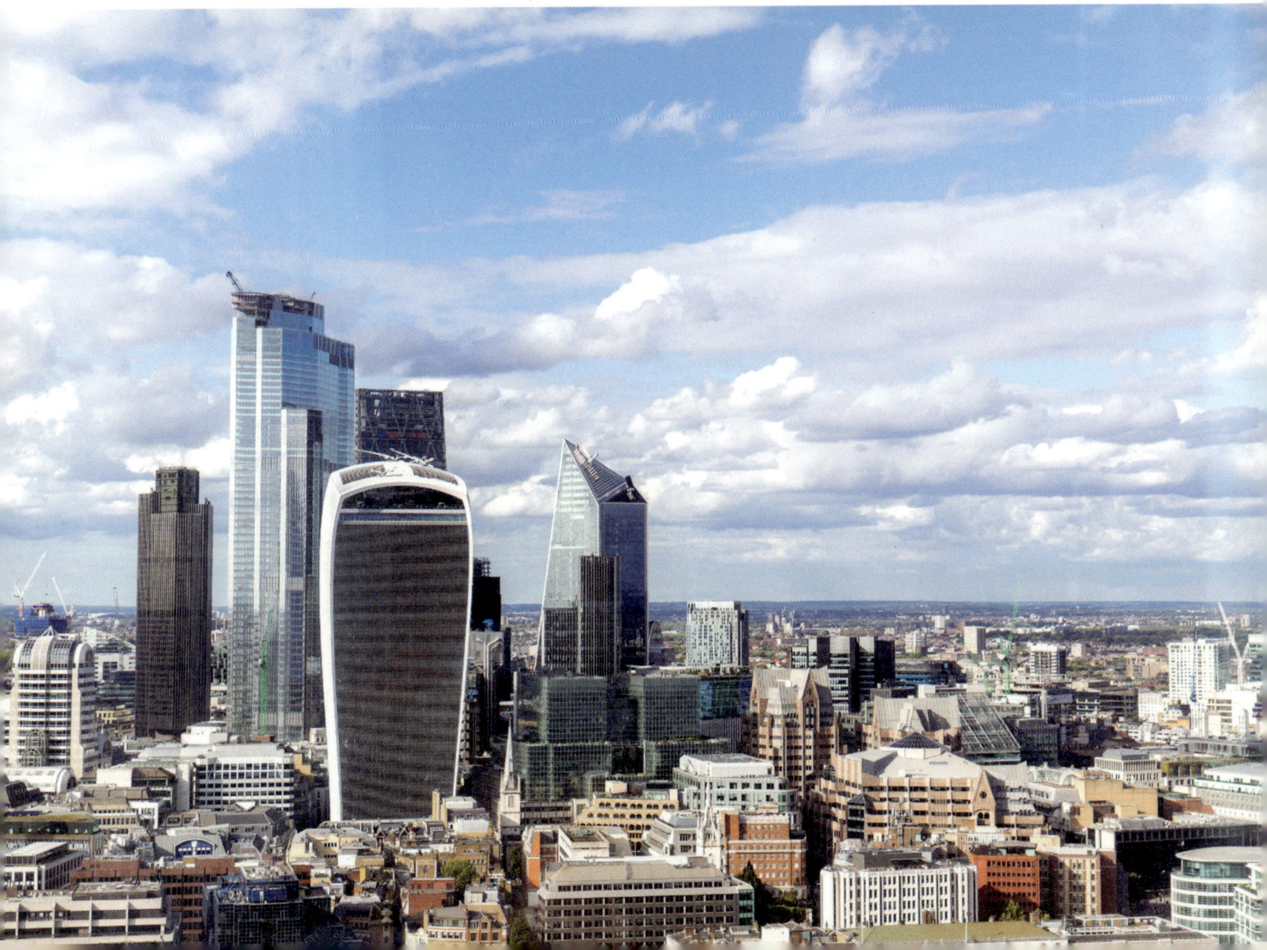

런던에서 가장 높은 건물이라는 이런 마천루에는 당연히 스카이라운지 식당이 없을 수 없다. 31층에 있는 아쿠아 샤드Aqua Shard가 바로 그런 곳이다. 식사, 와인, 커피, 그리고 애프터눈 티가 모두 가능한 레스토랑이다. 창가에 앉아 런던의 스카이라인과 템즈강 일원의 풍경을 발 아래 굽어보며 차를 즐길 수 있는 곳이다. 특별한 바깥 풍경을 즐길 수 있는 티룸의 경우 차 맛은 기대할 수 없는 경우가 많은데, 이곳의 애프터눈 티는 2018년의 애프터눈 티 어워드Afternoon Tea Awards에도 선정되었다.

아쿠아 샤드의 특별한 애프터눈 티 메뉴로 '메리 포핀스Mary Poppins 애프터눈 티'가 있다. 메리 포핀스는 1964년에 제작된 영화 〈메리 포핀스〉에 등장하는 주인공으로, 어떤 보모도 감당하지 못하던 개구쟁이 아이들을 돌보게 된 마법사이다. 가족 영화이자 뮤지컬 영화인 〈메리 포핀스〉의 이 마법사 보모는 부츠, 커다란 가방, 검은 우산이 트레이드마크다. 우산을 타고 하늘에서 내려오기도 하고, 가방에서는 아이들이 원하는 무엇이든 튀어나온다. 영화의 성공 이후 메리 포핀스는 영국에서 아이를 잘 돌보는 보모의 별칭이 되었고, 관련 상품들이 연이어 히트를 쳤다. 최근에 〈메리 포핀스 리턴즈〉라는 영화가 다시 만들어졌을 정도로 인기가 높다.

아쿠아 샤드에서는 바로 이 메리 포핀스를 테마로 하여 '메리 포핀스 애프터눈 티' 메뉴를 선보인다. 가장 눈에 띄는 것은 3단 트레이로, 아래쪽은 부츠 모양이고 위쪽은 우산 모양으로 특별 제작되었다. 접시를 비롯한 각종 티웨어에도 메리 포핀스 캐릭터와 우산 등이 디자인 요소로 사용되고 있다. 아이들에게도 인기가 높은 캐릭터여서 어린이용 애프터눈 티 세트도 별도로 판매한다. 샤드에서는 아이들에게 인기있는 동화나 소설을 테마로 해서 실내장식도 변화를 주고 피터팬 애프터눈 티 세트 등 다른 컨셉으로 제공되기도 한다. 가격은 1인당 49파운드.

홍차는 '메리의 차Mary's tea'와 '버트의 차Bert's tea'로 나뉘는데, 전자는 세계 여러 곳의 찻잎에 장미꽃을 블렌딩한 홍차이고, 후자는 정산소종과 기문과 실론을 기반으로 하여 스모키 향이 조금 강한 홍차다. 버트는 영화에 등장하는 굴뚝 청소부이자, 메리와 아이들에게 길바닥에 그림을 그려주는 거리의 예술가 이름이다.

level 31, The Shard, 31 St Thomas St, London SE1 9RY 영국 +44 20 3011 1256 www.aquashard. co.uk 매일 13:15~17:15 London Bridge 런던 타워 브릿지, 세인트폴 대성당

런던의 랜드마크를 맛보다

켄싱턴 호텔The Kensington의 타운하우스 레스토랑Town House restaurant은 테마가 있는 애프터눈 티를 즐길 수 있는 곳으로 유명하다. 먼저 이 레스토랑에는 기본적으로 영국의 랜드마크를 테마로 한 런던 랜드마크 애프터눈 티London Landmark's Afternoon Tea 메뉴가 있다. 예컨대 3단 트레이 대신 런던 아이London Eye 모양의 스탠드에 티푸드들이 담겨 나오고, 런던을 상징하는 빅밴Big Ban 모양 케이크나 빨강 공중전화 부스 모양의 무스 등이다.

런던 아이 모양의 둥근 스탠드에 담긴 디저트들을 보면 오밀조밀 정교한 모양과 유머러스함에 감탄이 절로 나온다. 런던 관광 명소가 표시된 예쁜 그림지도도 함께 나온다. 이 지도를 보면서 자신이 가고 싶은 장소에 대해 이야기를 나누거나 랜드마크 디저트를 함께 들면서 익숙한 장소들에 대해 추억 소환을 할 수도 있을 것이다.

이 런던 랜드마크 애프터눈 티는 1인당 42파운드.

　이벤트가 있을 때는 또 다른 테마들도 등장하는데, 〈미녀와 야수〉를 테마로 한 애프터눈 티 메뉴 등이다. 수시로 바뀌기 때문에 사전에 인터넷이나 이메일을 통해 반드시 예약을 해야 한다.

🏠 109-113 Queen's Gate, South Kensington, London SW7 5LP　☎ +44 20 7589 6300　🌐 www.doylecollection.com　🕐 매일 12:00~18:00　🚇 South Kensington　🚏 자연사 박물관, 빅토리아&알버트 뮤지엄

조향사가 만드는 홍차, 센세이션 애프터눈 티

홍차는 그 자체로 향기로운 음료다. 서양인들은 여기에 장미꽃잎 등을 활용하여 향을 더한 가향加香 홍차도 많이 즐긴다. 이런 가향 홍차 블렌딩의 진수를 보여주는 티룸이 바로 사우스 켄싱턴 중심부에 위치한 '100 퀸즈 게이트 호텔100 Queen's Gate Hotel'의 티룸 '보타니카Botanica'다.

먼저 100 퀸즈 게이트 호텔은 자연사박물관과 사우스켄싱턴 역 근처에 위치하여 접근성이 탁월하다. 하이드 파크와 로열 앨버트 홀도 근처다.

이 호텔의 티룸이 보타니카로, 이름 그대로 식물원 분위기가 물씬한 공간이다. 화려한 푸른 잎들로 덮여 있고 라임과 체리 꽃으로 적절하게 장식되어 있으며, 밝고 통풍이 잘

되는 아트리움이다. 쾌적한 백색 셔터와 파스텔풍의 좌석으로 꾸며진 이 식물의 낙원은 전형적인 영국의 매력을 자랑하는 공간이라고 할 수 있다.

이곳의 홍차들은 런던의 300년 역사를 자랑하는 조향調香업체인 플로리스 런던Floris London의 조향사들이 블렌딩한 것으로, 가향 홍차의 진수를 보여준다. 이 차의 이름이 센세이션Scentsation으로 역시 향을 전면에 내세운 명칭이다. 플로리스 런던의 대표적인 향인 체리 블라썸 오 드 퍼퓸Cherry Blossom Eau de Parfum과 라임 드 트와레Limes de Toilette의 두 가지 향을 이용하여 홍차를 블렌딩한다고 한다.

퀸즈의 보타니카는 유리 식물정원 컨셉의 공간이어서 인스타그램을 즐기는 젊은 여성 고객들에게 인기있는 장소이다. 티 테이블의 센터피스도 미니어쳐 유리정원으로 알파인 식물이 담겨 있다. 티푸드도 화분이나 물조리개 등 정원용품 모양에 담겨 나온다. 뜰에서 이름 모를 작은 풀과 꽃을 뜯어서 소꿉놀이를 하던 어린시절을 떠올리게 한다. 보타니카에서는 친구들과 시간가는 줄 모르고 소중한 티타임을 즐기는 여성들을 자주 볼 수 있다.

이 티룸의 차는 위타드 오브 첼시Whittard of Chelsea의 찻잎을 사용하는데, 사쿠라라는 이름의 일본 녹차와 중국의 기문홍차가 대표적이다. 정통 애프터눈 티의 가격은 1인당 42.5파운드이다.

🏠 1100 Queen's Gate, South Kensington, London SW7 5AG ☎ +44 20 7373 7878 🌐 www.hilton.com ⌄
매일 12:00~18:00 🚇 South Kensington, Gloucester Road 🚌 옥스퍼드 스트리트, 피카딜리 서커스

세계 최고의 식물원에 위치한 오렌지 온실 티룸

큐 가든Kew Garden은 런던 서남부, 템즈강 남쪽에 위치한 세계에서 가장 오래된 식물원이자 영국의 왕립 식물원Royal Botanic Gardens이다. 1759년 개원한 이래 수 세기에 걸쳐 수집한 식물과 광범위한 관련 자료들을 보유하여 식물 다양성과 실용식물학 연구에 공헌해온 곳이며, 2003년 유네스코 세계문화유산으로 등재되었다. 이름에 나오는 큐는 이 식물원이 자리한 곳의 지역 이름이며, 40만 평의 엄청나게 넓은 공간에 꾸며진 식물원이어

서 하루 종일 구경해도 다 보기 어려울 정도다. 잘 가꾸어진 왕립 가든인 동시에 오랜 역사만큼이나 유서 깊은 건물들도 많다. 대표적으로 이 식물원의 중심 건물인 야자나무온실Palm House과 온대식물온실Temperate House이 조성되어 세계적으로 온실의 모델이 되었다. 또 700만 점이 넘는 표본을 보유하고 있는 식물표본실Herbarium collection과 고산식물온실Alpine House·진달래온실Rhododendron House·수련온실Waterlily House, 암석정원Rock Garden·철쭉정원Azalea Garden·대나무정원Bamboo Garden·수상정원Aquatic Garden·겨울정원Winter Garden·지중해 정원Mediterranean Garden·장미정원Rose Garden, 식물분류관Order Beds, 조지 3세와 샬럿 왕비가 살던 큐 팰리스Kew Palace, 샬럿 왕비의 오두막Queen Charlotte's Cottage, 웨일스 공주의 보존관Princess of Wales Conservatory, 75만 권 이상의 장서를 소장한 도서관도 있다.

차 애호가라면 큐 가든의 안쪽에 위치한 조지 3세와 샬럿 왕비의 거처였던 코티지를 방문해보는 것도 좋을 것이다. 차에 관한 여러가지 스토리텔링을 가지고 있는 왕이었고 웅장한 왕궁보다는 소박한 전원생활을 동경했던 조지 3세의 자취를 느낄 수 있다.

이처럼 드넓게 펼쳐진 정원과 고풍스럽고 아름다운 건물(온실)들이 많아서 결혼식을 비롯한 각종 행사도 많이 개최된다. 특히 1761년에 지어진 오렌지 온실 오랑제리 Orangery의 레스토랑에서는 크고 작은 행사들이 연이어 진행되고, 평소에도 큐 가든의 푸르른 풍경을 내려다보며 애프터눈 티를 즐길 수 있다. 전 세계의 다양한 식물상, 아이콘이 된 건축물과 인상적인 풍경을 보는 것만으로도 차 맛이 더 향기롭고 달콤해진다. 큐 가든의 오랑제리는 자연을 사랑하는 사람들이 애프터눈 티를 즐기기에 가장 이상적인 장소다. 식물 가득한 온실 티룸에서는 이국적인 야자나무온실Palm House과 연못의 아름다운 경치도 마음껏 감상할 수 있다.

애프터눈 티 메뉴는 전통차, 채식주의자 전용 차, 정원사의 차 등으로 구성되는데, 샌드위치, 각종 간식거리, 클로티드 크림과 잼이 든 스콘, 페이스트리가 제공된다. 차 종류는 여럿이어서 취향에 따라 선택할 수 있다.

큐 가든 입장료 10파운드에 애프터눈 티 가격은 15파운드로 매우 저렴한 것도 장점이다.

🏠 Royal Botanic Gardens, Kew, Richmond, Surrey, TW9 3AE　📞 +44 20 8332 5655　🌐 www.kew.org
🕝 매일 14:30~18:30　Ⓟ Kew Bridge Station, Kew Gardens Station

제7대 베드포드 공작부인 안나 러셀

17세기에 처음 차를 접하고, 18세기 내내 왕궁과 귀족들 중심으로 차문화를 확산시켜 나가던 영국은 19세기가 되면서 홍차의 재배와 직접 생산에 성공했고, 이어 평민층으로 차를 확산시켜 홍차를 온국민의 음료가 되도록 만들었다. 이 과정에서 차의 대중화에 크게 기여한 것이 애프터눈 티(Afternoon tea)의 확산이다.

오후 5시경 홍차와 푸짐한 다과를 함께 곁들이는 애프터눈 티의 관습을 처음 만들어낸 사람은 제7대 베드포드 공작(7th Duchess of Bedford) 프란시스 러셀(Francis Russell)의 부인인 안나 러셀(Anna Russell, 1783~1857)로 알려져 있다. 그녀가 성인으로 활동하던 시기는 대영제국이 최고의 전성기를 누리던 빅토리아 여왕(Victoria, 재위 1837~1901)의 시대 전반기이기도 한데, 그녀는 1837년부터 1841년까지 빅토리아 여왕 곁에서 '왕실의 여관(女官, Lady of the Bedchamber)'으로 활동했고, 평생 여왕과 친구로 지냈다. 여왕 곁에서 차 우리는 일을 최고의 영예로 생각하던 시절이었으니 그녀의 위치가 얼마나 중요했는지 알 수 있다. 영국의 수상을 지낸 존 러셀(John Rusell)이 그녀의 시동생이기도 했다. 1841년에 궁에서 나온 안나 러셀은 베드포드가의 저택인 워번 에비(Woburn Abbey)로 여왕 부부를 초대하기도 했는데, 당시 여왕의 방문을 위해 준비했던 드레싱룸이 지금도 남아 있다.

안나 러셀의 시대는 18세기부터 시작된 산업혁명이 본격화되던 시기이기도 한데, 19세기 초가 되면서 영국인들 전체의 삶을 바꾸는 다양한 변화가 일어나게 되었다. 그 중의 하나가 각 가정의 저녁식사 시간이 5시 무렵에서 밤 8시나 9시경으로 옮겨진 것이었다. 저녁식사 시간이 이렇게 늦추어진 것은 램프가 보급되면서 일하는 시간이 연장되었기 때문이다. 이에 따라 오후의 간식이 필요해지게

7대 베드포드 공작부인

되었다.

이 무렵 안나 러셀의 워번 에비에는 항상 손님들이 들끓었고, 안나는 이들을 접대하는 것이 가장 중요한 일과였다. 안나의 남편인 공작과 다른 남성 손님들이 사냥을 즐기는 동안 안나 러셀은 부인들을 응접실로 초대하여 다과를 베풀었는데, 중국과 인도에서 온 차와 함께 토스트와 맛좋은 빵을 함께 내놓았다. 이것이 애프터눈 티의 시작이며, 오래지 않아 귀족들 사이에서 유행처럼 번져나갔다.

자유로운 외출이 허락되지 않았던 당시의 상류층 여성들에게 애프터눈 티는 마음이 통하는 여성들끼리 모여 차와 다과를 즐기면서 이야기를 나누고 정보를 교환할 수 있는 최선의 사교 무대였다. 워번 에비의 애프터눈 티는 여왕 부부도 초대되어 즐길 정도로 인기를 끌었고, 이 특별하고 새로운 티 타임에 초대를 받고 싶어 하는 귀족들이 줄을 설 정도였다고 한다.

워번 에비

로버트 포춘이 일하던
비밀정원에서 만나는 영국 홍차

첼시 피직 가든Chelsea Physic Garden은 런던 도심에 숨은 비밀의 정원이자 세계에서 가장 오래된 약초 정원이기도 하다. 런던 사람들은 물론 세계인들에게도 널리 알려진 정원이니 사실 비밀의 정원이라고 하기는 어렵지만, 큰길에서 잘 보이지 않는 곳에 몰래 숨어 있는 데다가 입구를 찾기도 쉽지 않아 비밀의 정원이란 별칭이 실감난다.

이 정원은 옥스퍼드대학의 식물원에 이어 1673년에 런던에 두 번째로 세워진 식물원이다. 400년 가까운 역사를 자랑하는 셈인데, 애초에는 런던약사협회Worshipful Society of Apothecaries에서 견습생들의 약초학 실습을 위해 세운 것이었다. 면적은 1만 4,000㎡이며, 5,000종 이상의 식물이 자라고 있는데, 영국에서 가장 큰 올리브 나무를 비롯하여 희귀한 식물들이 많다. 차나무를 비롯하여 세계 각국에서 모은 다양한 식물들 각각의 생장 환경을 고려하여 호수, 바위, 화산암, 벽돌 등 다양한 재료로 정원을 조성하였으며, 1772년 조성된 암석

정원은 영국 최초의 돌로 이루어진 정
원이기도 하다.

이 비밀의 화원과 관련하여 특히 우
리의 관심을 끄는 것은 로버트 포춘
Robert Fortune (1812~1880)이 바로 이
식물원의 수석연구원이었다는 사실이
다. 아편전쟁을 계기로 중국에서의 홍
차 수입이 더욱 어렵게 되자 영국의 정
치인들과 상인들은 식민지 인도에서의
차나무 재배와 직접 생산을 기획하게
되었고, 이 일의 행동대장을 맡은 사람
이 로버트 포춘이었다. 영국의 동인도
회사는 그에게 거액의 급여와 보너스를
약속하여 그를 꾀었고, 포춘은 중국인
복장에 변발을 하고 복건성 무이산에

잠입하여 당시 최고가로 거래되는 정산소종 홍차의 묘목과 씨앗 등을 몰래 **빼내어** 인도
로 보냈다. 오늘날의 표현으로 하자면 명백한 산업 스파이다. 그의 2년 여에 걸친 활동으
로 영국은 식민지 인도(다즐링)에서의 차나무 재배에 성공했고, 포춘이 제다 기술자들까
지 고용해서 인도로 데려오면서 홍차 제조법도 알아내게 되었다. 이로써 영국의 홍차문
화는 제2의 부흥기를 맞았고, 영국은 지금 중국을 넘어 세계 최고의 홍차 종주국 역할을
하고 있다.

포춘이 훔쳐온 차나무의 자손이 지금도 이 식물원에서 자라고 있으며, 피직 가든은 다
양한 약용식물들 가운데 특히 차에 관련된 설명과 인테리어에 공을 들이고 있다. 이 식물
원의 카페에서도 크림티와 애프터눈 티를 즐길 수 있는데, 애프터눈 티는 미리 예약을 해
야 한다.

🏠 66 Royal Hospital Road, Chelsea, London, SW3 4HS   ☎ +44 (0)20 7352 5646   🌐 www.
chelseaphysicgarden.co.uk 🚇 Sloane Square 🚌 Thames River, National Army Museum

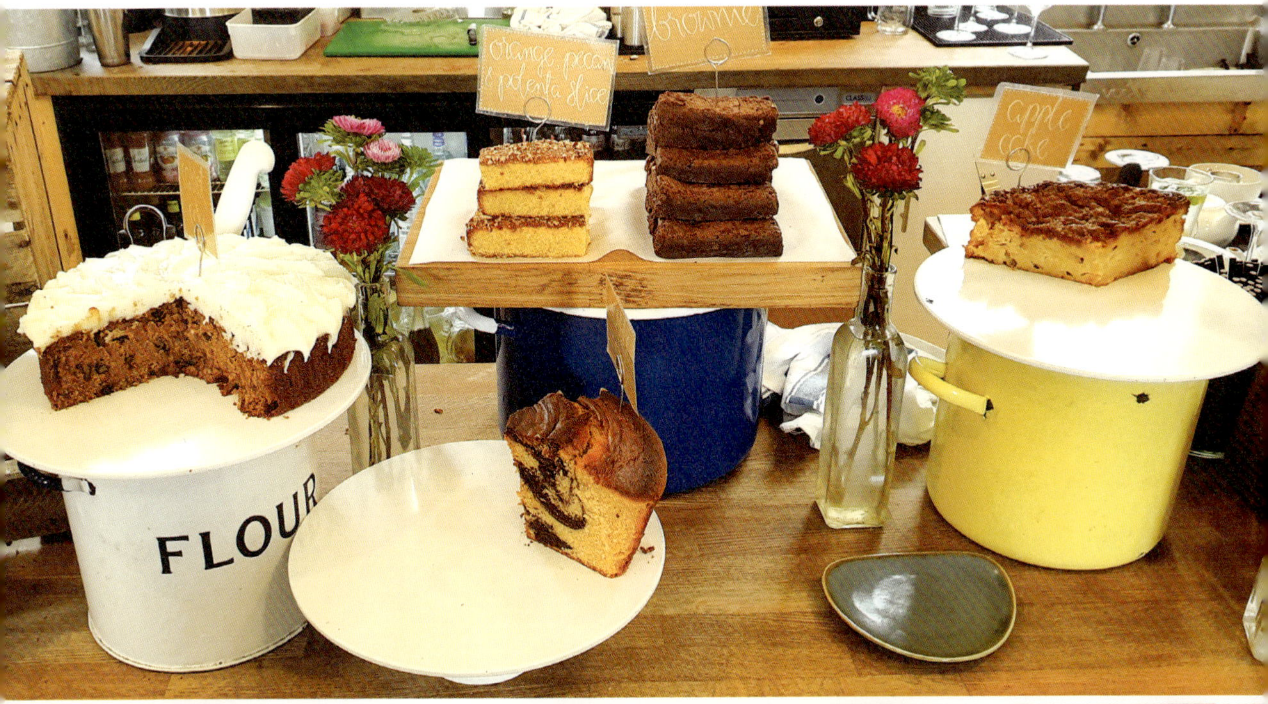
orange pecan & polenta slice
brownie
apple cake
FLOUR

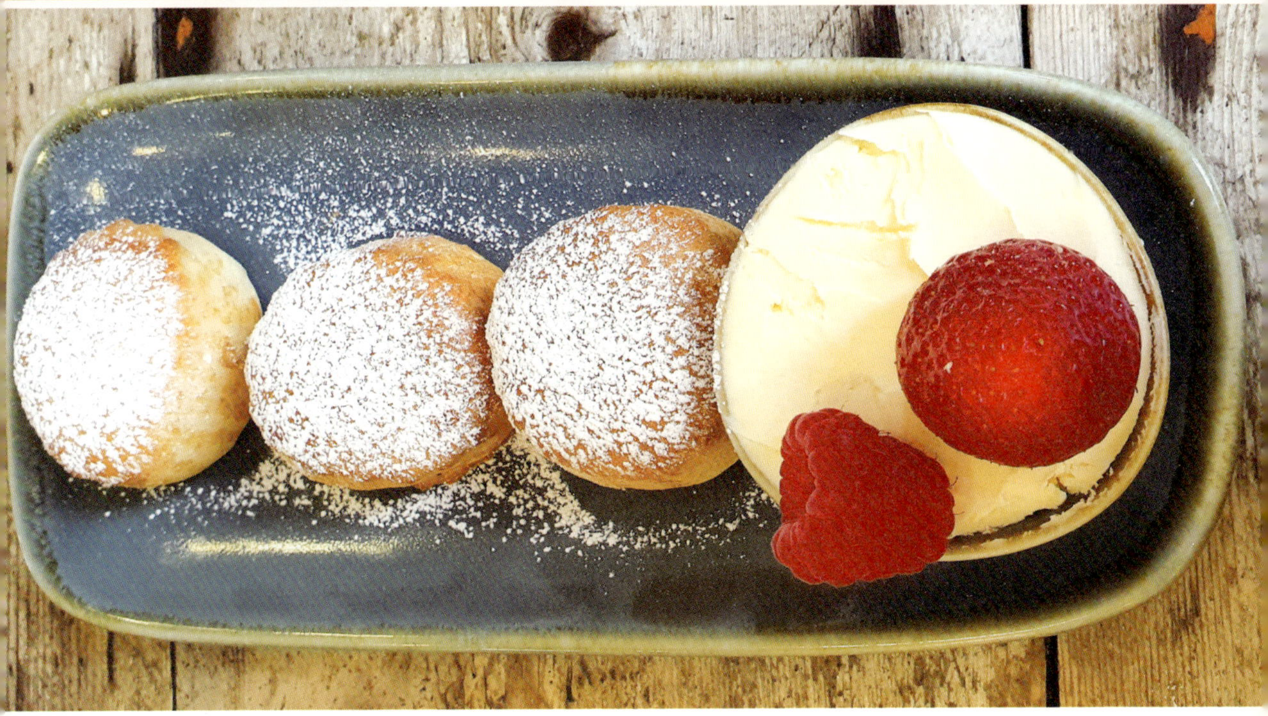

영국인들이 150년 동안 사랑한 스콘과 타르트

왕립 식물원인 큐Kew 가든 바로 앞에 있는 티룸이자 빵집이며 식당이고 민박집이다. 가게 이름인 디 오리지널 메이드 오브 아너The Original Maids of Honour를 우리 말로 옮기면 '왕가의 오리지널 시녀'인데, 의미를 살려서 해석하면 '왕가 시녀의 오리지널 레시피로 만든 타르트(음식)를 파는 곳' 정도가 되겠다. 전설의 주인공은 리치몬드 성에 살던 헨리 8세로, 어느날 하녀가 만든 스콘이 너무나 맛있어서 그녀의 레시피를 몰래 감춰두고 성 안에서만 만들도록 했다고 한다. 이 레시피가 나중에 공개되는데, 이를 입수하여

1850년에 이 빵집을 차린 사람들이 뉴언스Newens 가족이었다고 한다. 대략 150년이 넘은 디저트 가게이자 티룸인 셈이다.

이곳의 부드러운 스콘과 달콤한 타르트는 너무나 유명해서 많은 런던 사람들이 런던의 수많은 디저트 레스토랑 중에서도 이곳을 최고로 꼽을 정도로 인기가 대단하다. 이 가게의 대표 메뉴는 본래 타르트였는데, 타르트도 맛있지만 스콘이 최고라고 평하는 사람들도 많다. 세상에서 가장 부드러운 영국식 스콘의 정석을 맛볼 수 있다. 애프터눈 티 메뉴에 나오는 스콘은 두 가지로, 플레인 스콘에는 하얀 가루가 뿌려져 있고 과일 스콘

에는 건포도가 알알이 박혀 있다. 기왕이면 각각 하나씩 따로 주문하는 깃이 좋다. 스포드의 고급스럽고 징갈한 다구에 제공되는 홍차는 스콘이나 타르트의 맛과 절묘한 조화를 이루어 눈 깜짝할 사이에 접시가 비게 된다.

런던 중심부에서 출발할 경우 거리가 가깝지는 않다. 가장 가까운 전철역인 큐가든 역에서도 10분 정도는 걸어야 한다. 하지만 런던 외곽의 한적한 동네여서 런던의 전통적인 분위기를 느끼에 그만인 산책로이기도 하다. 가게 역시 오랜 역사를 고스란히 품고 있는 데다가 손님들도 인근의 노신사들이 많아 진정한 영국 분위기를 마음껏 느낄 수 있다.

288 Kew Road Richmond Surrey TW9 3DU +44 (0)20 8940 2752 theoriginalmaidsofhonour.co.uk
Kew Garden

유람선에서 즐기는 윈저 애프터눈 티 패키지

바토 런던Bateaux London은 템즈강에서 유람선을 운행하는 업체다. 이 회사의 이름에 나오는 바토는 프랑스어에서 온 말로, 바닥이 평평한 배를 뜻한다. 이 회사의 유람선 가운데 리버 룸River Room과 글래스 룸Glass Room은 런던 중심부의 템즈강을 운행하는 유람선으로, 점심식사와 저녁식사 외에 애프터눈 티도 즐길 수 있다. 애프터눈 티를 즐기면서 템즈 강변의 각종 명소들을 구경할 수 있다는 게 최고의 장점이다.

하지만 더욱 조용하고 분위기 좋은 애프터눈 티를 원한다면 또 다른 유람선 윌로우 룸Willow Room을 추천한다. 이 배는 런던 중심에서 약 30km 떨어진 윈저성Windsor Castle 앞까지 운항하며, 런던에서 그리 멀지 않은 곳임에도 불구하고 이 지역은 런던 중심부와는 또 다른 아름다움과 우아함을 보여준다. 윈저성은 유럽에서 가장 오래된 성으로 꼽히는 곳이며, 일대의 강 역시 윈저 강이라고 불린다. 이

곳에는 영국 최고의 부자 신도시라고 할 수 있는 메이든헤드Maidenhead도 위치하고 있으며, 윈저성 외에 강변을 따라 잘 정리된 이 계획도시의 풍경도 볼 수 있다.

이 배에서 제공하는 애프터눈 티의 이름은 '윈저 애프터눈 티 패키지'로, 영국산 식재료를 활용한 요리와 프로세고prosecco 와인, 그리고 홍차가 제공된다. 물론 멋진 페이스트리와 스콘, 샌드위치 등도 포함되어 있다. 1시간 15분이 소요되고 1인당 46파운드.

🏠 Embankment Pier, Victoria Embankment, London, WC2N 6NU ☎ +44 (0)20 7695 1800 ✉ reservations @bateauxlondon.com 🌐 www.bateauxlondon.com/restaurants/willow-room 🕒 매일 오후 3시 30분 출항 🏛 Embankment Underground Station 🚇 타워브릿지, 웨스트민스터 사원, 런던아이, 그리니치

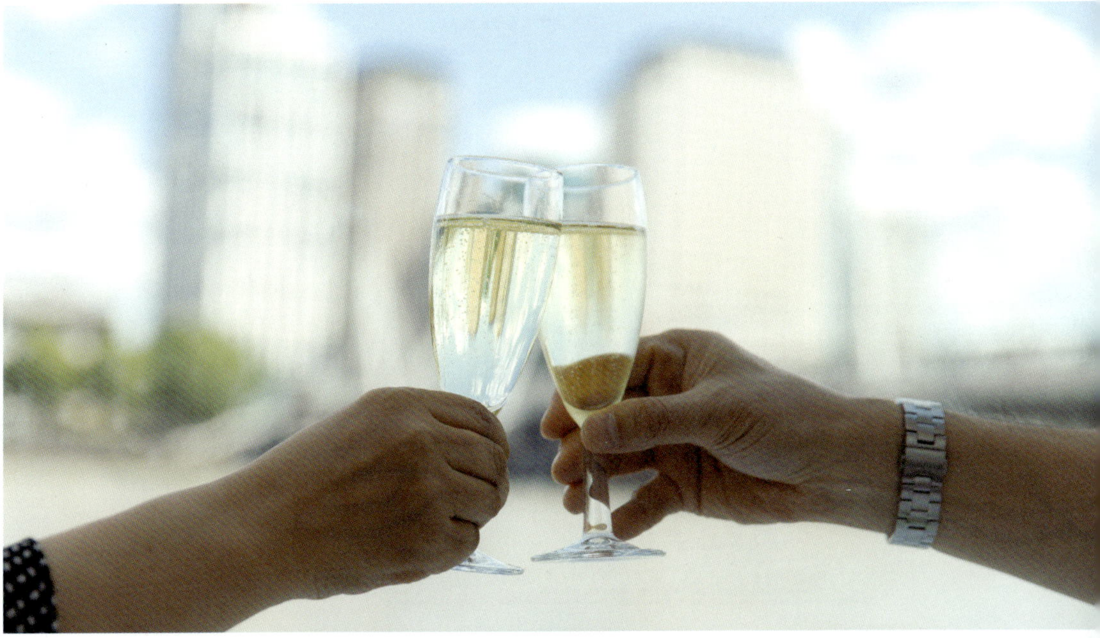

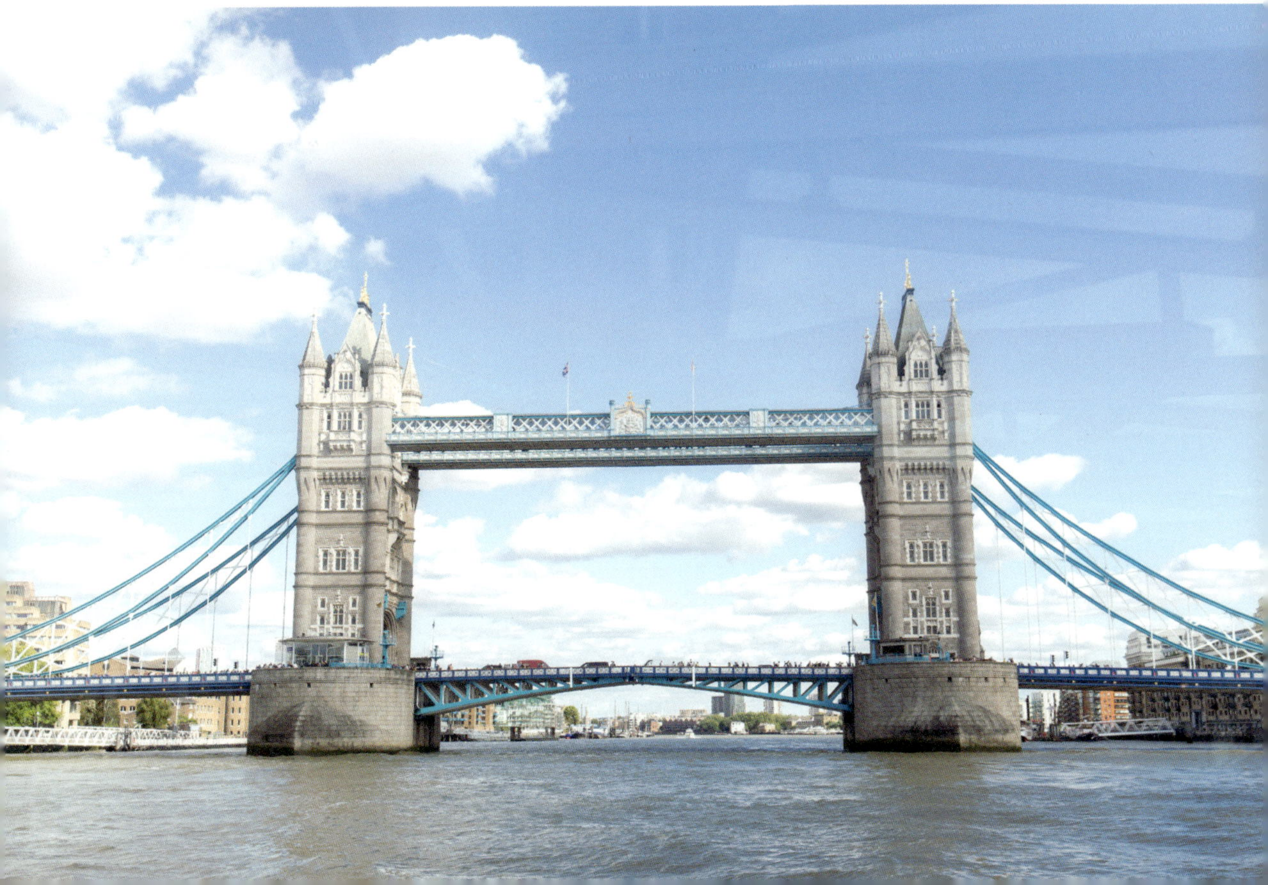

34 파크 플라자 호텔_일식당 이치(Ichi)

스시와 애프터눈 티를 한번에

파크 플라자는 전 세계 곳곳에 체인점이 있는 호텔 브랜드다. 런던의 중심부에도 이 호텔이 있는데, 파크 플라자 웨스트민스터 브릿지 런던Park Plaza Westminster Bridge London이 그것이다. 2012년 런던 올림픽을 앞두고 세워진 최신식 호텔인데다가 관광지들이 가까워 한국

사람들도 많이 찾는 곳이다. 영국 국회의사당과 빅벤이 다리 건너에 있고, 런던 아이도 가깝다. 웨스트민스터 및 워털루Waterloo 역도 도보로 이동할 수 있을 만큼 가까운 거리에 있다. 2018년의 평창 동계 올림픽을 홍보하러 런던에 갔던 김연아 선수가 묵은 호텔이어서 우리나라 사람들에게는 김연아 호텔로도 불린다.

이 호텔의 라운지 바에서도 정통 영국식 애프터눈 티를 즐길 수 있다. 웨스트민스터 브릿지가 내려다보이는 창가에서 즐기는 애프터눈 티는 그 자체로 환상적일 수 있다. 벽부터 천장까지 투명한 유리로 이루어진 공간에 앉으면 창 너머로 런던의 상징적인 건축물인 빅벤과 국회의사당 등 화려한 풍경이 한눈에 들어온다. 다양한 종류의 앙증맞은 핑거 샌드위치, 호사스런 느낌을 주는 미니 페이스트리와 스콘, 구운 티 케이크 등 확실한 영국식 간식도 차와 함께 제공된다. 12시 30분부터 5시까지 가능하며 1인당 27.5파운드.

196 런던 홍차 산책

이런 정통 애프터눈 티 외에 이 호텔에서는 이색적으로 스시와 애프터눈 티를 동시에 즐길 수도 있다. 이 호텔의 일식당 이치Ichi에서는 한국이나 일본에서 먹는 것과 흡사한 스시와 사시미를 판매하는데, 이런 회 메뉴에 더하여 애프터눈 티도 제공한다. 회를 먹으면서 입가심으로 마시는 엽차가 아니다. 애프터눈 티와 스시를 결합한 매우 이국적인 메뉴다.

의외로 스시와 디저트의 데코레이션이 화사하게 잘 어울리고 디저트를 눈으로 먼저 먹는 기분이 들 정도로 예쁘게 세팅되어 제공된다. 신선하고 깔끔한 스시와 디저트는 차와 페어링을 이루어 동서양 음식의 콜라보로 특별한 티타임을 경험할 수 있다.

🏠 200 Westminster Bridge Road, Lambeth, London, SE1 7UT 📞 +44 333 400 6112 🌐 www.radissonhotels.com/en-us/brand/park-plaza 🚇 Westminster Bridge, Waterloo 👁 런던 아이, 피카딜리 서커스, 웨스트민스터, 영국 국립극장

ICHI

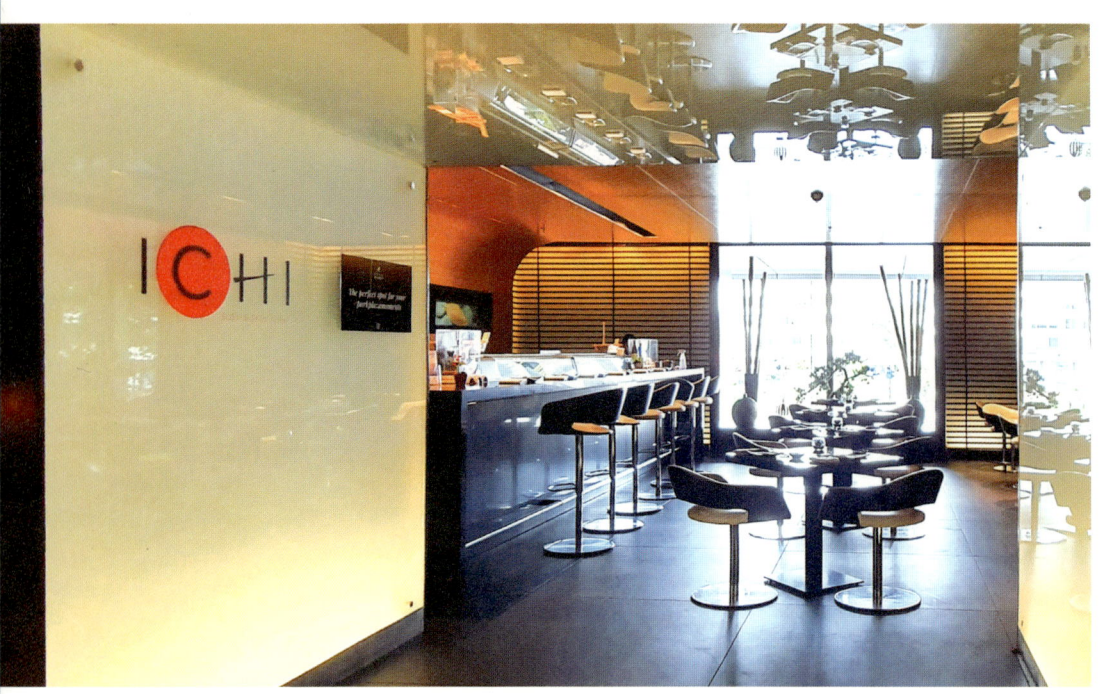

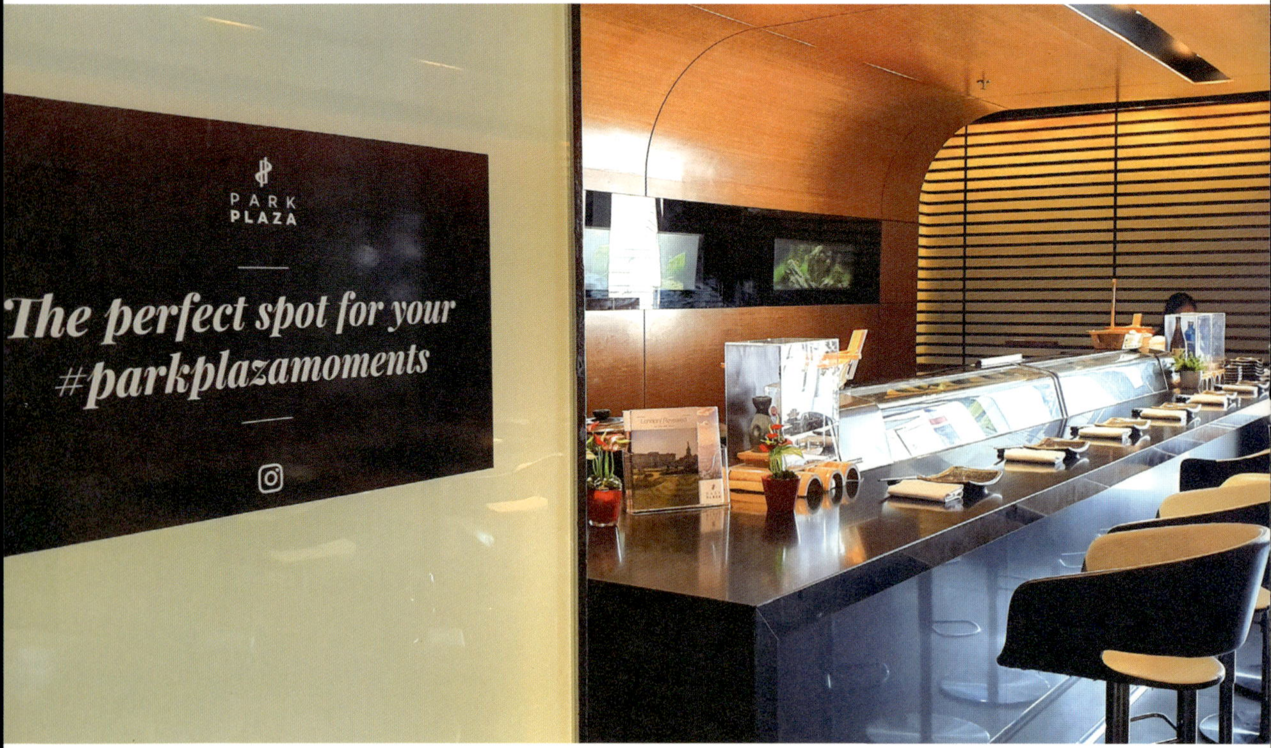
PARK
PLAZA
The perfect spot for your
#parkplazamoments

광둥요리와 함께 즐기는 딤섬 애프터눈 티

밀레니엄 호텔 런던 나이츠브릿지 Millennium Hotel London Knightsbridge는 런던의 대표적인 쇼핑거리 한복판에 위치하고 있다. 하이드 파크Hyde Park를 끼고 있는 이 호텔 주변에는 해로즈 Harrods 백화점을 비롯하여 구찌Gucci, 루이뷔똥Louis Vuitton 등 명품샵들이 줄지어 있다.

이 호텔이 가장 자랑하는 레스토랑이 르 시누아Le Chinois(중국인)로, 서양인들의 중국풍에 대한 취미를 의미하는 시누아즈리Chinoiserie와 연관된 이름이다. 영국을 비롯한 서양인들은 17세기 후반부터 18세기 말까지 중국의 예술, 특히 도자기를 비롯한 공예품에 큰 관심을 가지고 이를 모방하거나 변형시키는 예술활동을 즐겼는데, 이를 흔히 시누아즈리(중국 취미의 미술품)라 한다.

시누아즈리가 유행하던 시기는 곧 중국의 차가 본격적으로 서양에 전파되던 시기와 거의 일치한다. 동양의 신비한 음료인 차와 더불어 서양의 귀족들은 다구를 비롯한 중국의 도자기 등을 열렬히 수집하게 되었는데, 여기서 시누아즈리가 나오고 본차이나가 탄생하게 된 것이다.

밀레니엄 호텔의 중식당 르
시누아는 이런 과거의 전통을
오늘에 되살린 곳이라고 할 수
있다. 광둥식 요리를 제공하는
단순한 중식당을 넘어 차의 고
향인 중국의 차문화와 다식을
오늘날의 영국에 맞게 재해석
하여 제공하고 있다.

이 레스토랑의 애프터눈 티
는 크게 두 가지로 나눌 수 있
다. 먼저 영국식 정통 애프터눈
티가 있다. 선택이 가능한 다양
한 차 외에 데본셔 클로티드 크
림과 함께 홈메이드 샌드위치, 따뜻한 과일, 담백한 스콘이 제공되고, 역시 직접 만든 페
이스트리도 함께 제공된다. 1인당 19.50파운드.

이 레스토랑에는 또 하나의 독특한 애프터눈 티 메뉴가 있는데, 바로 '딤섬 애프터눈
티Dim Sum Afternoon Tea'가 그것이다. 와사비 새우, 가리비 롤, 바삭바삭한 치킨, 다양
한 딤섬, 달콤한 간식이 추가된다. 1인당 28파운드.

🏠 17 Sloane St, Knightsbridge, London SW1X 9NU ☎ +44 20 7235 4377 🌐 www.millenniumhotels.com/
en/london/millennium-hotel-london-knightsbridge/ ⏱ 12:00~17:00 🚇 Knightsbridge 🅿 Hyde Park,
V&A Museum

전투 중에도 홍차 마시는 영국인들

영국인들은 오후에만 차를 마시는 것이 아니라 하루 총 7~8회나 티타임(tea time)을 갖는다.

먼저 아침 6시에 일어나 하루 중 가장 먼저 만나는 차는 얼리 모닝 티(early morning tea)라고 한다. 침실에서 마시는 차여서 베드 티(bed tea)라고도 하며, 남편이 아내를 위해 준비하는 것이 보통이다.

브렉퍼스트 티(breakfast tea)는 아침 7시 즈음에 식사와 함께 즐기는 차다. 베이컨, 계란, 빵, 쿠키 등 푸짐한 음식과 함께 즐긴다.

일레븐즈 티(elevenses tea)는 오전 11시에 가볍게 마시는 차다. 주부들이 가사를 하다 잠시 쉬는 타임이기도 하다.

미드 티(mid tea, lunch tea)는 점심식사와 함께 즐기는 차로, 달콤한 과일 홍차나 섬세한 향의 꽃차를 많이 마신다.

미드 티 다음이 애프터눈 티(Afternoon tea)로, 귀족층에서 시작된 만큼 화려하고 푸짐하게 즐기는 티타임이 특징이다. 귀족층에서 시작되었지만 공장의 노동자층에까지 급속도로 확산되었으며, 초기에는 카트에 홍차와 간단한 다과를 준비하여 노동자들에게 휴식과 더불어 간식을 제공하는 형태였다. 이런 애프터눈 티타임 문화가 굳어져 오늘날에도 영국인들은 점심과 저녁은 챙기지 않더라도 애프터눈 티는 반드시 챙긴다고 할 정도로 일상의 문화가 되었다. 영국의 도시들에는 고급 홍차와 화려하고 맛있는 티푸드로 구성된 고가의 애프터눈 티를 판매하는 호텔이나 전문점들이 성업중이며, 특히 런던은 외국에서 온 관광객들까지를 포함하여 런던을 대표하는 문화 상품으로 애프터눈 티를 활용하고 있다.

애프터눈 티 다음이 하이 티(high tea)인데, 고기류가 함께 제공되어 미트 티(meat tea)라고도 한다. 하이 티는 서민들이 즐기던 티타임이었는데 요즘 들어서는 거의 사라지는 추세다.

애프터디너 티(after dinner tea)는 말 그대로 저녁식사를 마친 후에 즐기는 차이다. 티푸드로 초콜릿이나 쿠키를 곁들이거나, 위스키나 브랜디를 넣어 마신다. 주로 남성들의 사회적 티타임이다.

마지막으로 나이트 티(night tea)는 잠자리에 들기 전 차에 따뜻한 우유를 넣어 마신다.

물론 영국인이라고 이러한 모든 티타임을 매일 즐기는 것은 아니다. 하지만 하루의 시작과 끝은 물론 중간중간에 이처럼 티타임을 가짐으로써 여유와 휴식을 즐기는 문화가 폭넓게 확산되어 있는 것은 사실이다. 영국인들의 홍차 사랑은 유별날 정도여서, 1차대전 때는 병사들이 교전 중에도 오후 5시가 되면 교전을 멈추고 차를 마실 정도였다고 한다. 실제로 영국 군인들의 전투식량에는 홍차가 반드시 포함된다. 2차대전 때는 탱크나 장갑차에도 물 끓이는 주전자 장치를 만들었는데, 이 역시 홍차를 마시기 위한 것이었다고 한다.

애프터눈 티를 즐기는 사람들

36 마리아쥬 프레르

런던 한복판에서 만나는 프랑스 티의 모든 것

코벤트 가든은 런던 중심부에 있는, 바닥에 돌이 깔린 일종의 광장이다. 본래 수도원Covent의 채소밭이 있던 자리여서 이런 이름이 붙었는데, 1970년대까지 청과시장이 있었다. 뮤지컬 영화 〈마이 페어 레이디 My Fair Lady〉에서 오드리 헵번이 꽃을 팔던 거리가 바로 이곳이다. 시장이 떠난 뒤로 펍과 상점 등이 들어서기 시작했고 현재는 레스토랑과 카페는 물론 극장박물관이나 런던교통박물관 등 문화공간도 많아졌다. 특히 250년의 역사를 가진 '로열 오페라 하우스'는 세계 3대 오페라 하우스로 꼽힐 만큼 유명한 곳이다.

이런 문화와 예술의 거리에 최근 프랑스를 대표하는 차 회사 마리아쥬 프레르 Mariage Frères의 런던 지점이 문을 열었다.

세계 최고의 고급 차 공급 업체이자 프랑스에서 가장 오래된 찻집인 마리아주 프레르가 이곳의 아름다운 5층짜리 건물에

지점을 낸 것인데, 한국의 녹차를 포함한 세계 각국의 다양한 차는 물론 다구와 소품들이 가득 들어찬, 그야말로 차의 집이다.

마리아쥬 쥬프레르는 루이 14세 시기에 프랑스 동인도회사에 종사했던 니콜라 마리아 쥬로부터 식품업의 패밀리 역사가 시작된다. 그 후에 프랑수아 마리아쥬의 홍차와 향신료의 협정 체결과 무역업으로 이어졌다. 점차 가족 사업으로 확장되면서 1854년에는 그의 손자 앙리와 에두아르가 마리아쥬 프레르라는 상호를 걸고 파리에서 본격적으로 홍차 사업을 시작했다. 이 시기부터 130여 년 동안은 주력사업이 찻잎의 무역과 회사들 간의 도매사업을 위주로 했다.

1983년 키티 챠 샹마니가 회사 경영을 맡으면서 소매업 위주로 변모하였고 티살롱을 운영하는 등 고객들에게 친숙한 브랜드로 성공을 거두고 있다. 파리 본사에는 전 세계 고객들을 위한 플랫폼이 있으며 수많은 다원 차들과 블렌딩 티들을 갖추고 고급 티 브랜드로의 위상을 이어가고 있다.

외부 파사드에서는 그다지 커 보이지 않으나 안쪽으로 긴 영국식 건물 구조여서 들어가다 보면 점진적으로 더 많은 차들, 다구, 도서 등 볼거리가 있다. 1층에는 1,000여 종의 차 제품들이 진열되어 있다. 검정 바탕에 마리아쥬 로고가 박힌 대형 틴들 수백 개가 진열된 티엠포리움 앞에 서면 차 애호가들은 가슴이 두근거림을 경험하게 된다.

2층은 레스토랑 공간인데 하얀 공간에 창문에는 흰색 오키드 꽃이 있고 차 산지 이름이 적힌 액자들로 정갈하게 디자인되어 있다. 마리아쥬 프레르에는 디저트가 잘 갖추어져 있어서 애프터눈 티 세트를 주문하지 않아도 몇 가지 디저트와 차를 고르는 것만으로 훌륭한 티타임이 가능한 곳이다.

이밖에도 별도의 특화된 식당과 차 박물관, 대여용 행사장 등도 별도로 갖추었다. 파리의 마리아주 프레르 매장에 가볼 형편이 되지 않는다면 런던에서 프랑스 최고 찻집의 차를 만나보는 것도 좋겠다.

파리의 마리아주 프레르는 1854년에 앙리 마리아쥬Henri Mariage와 에두아르 마리아쥬Edouard Mariage 형제에 의해 마레Marais 지구에 처음 세워졌다. 이후 이들의 뛰어난 명성, 해외로 퍼진 분점들, 탁월한 맛과 향의 제품들 그리고 독특한 차 요리 컨셉은 패션 하우스, 슈퍼모델, 유명 인사들의 찬사를 받게 되었고, 마리아쥬 프레르는 프랑스를 대표하는 차 브랜드가 되었다.

🏠 38 King St, Covent Garden, London WC2E 8JS 📞 +44 20 7836 1854 🌐 www.mariagefreres.com 📖
Leicester Square, Covent Garden 🚇 Covent Garden, St Paul's Church Gardens, Apple Market

100년만에 다시 돌아온 홍차 전문 회사

동인도회사THE EAST INDIA COMPANY는 17세기 초에 영국, 네덜란드, 프랑스 등에 설립되었던 왕립 무역회사다. 인도를 비롯한 동양과의 무역에서 초창기에 선두를 달린 것은 네덜란드의 개인 무역회사들이었다. 이들은 인도 동부까지의 항로를 개척하고 후추 수입 등을 통하여 엄청난 부를 쌓았지만 이내 자국 회사들 사이의 지나친 경쟁으로 어려움에 처하게 되었다. 그러자 네덜란드 왕실은 이들 개인 회사들을 하나로 합치는 한편 정부의 지배 하에 두도록 만들었다. 이 회사가 1602년에 세워진 네덜란드 동인도회사이며, 여러 회사를 하나로 합치면서 역사상 최초의 주식회사 형태를 갖추게 되었다.

영국의 동인도회사는 네덜란드의 동인도회사보다도 빠른 1600년에 설립되었지만 이들이 실제로 활약을 펼친 것은 17세기 중반이 지나면서부터다. 항로 및 식민지를 둘러싼 영국과 네덜란드의 전쟁, 영국과 프랑스의 전쟁에서 차례로 영국이 승리하면서 해상권 및 무역권은 영국이 주도하게 되었고, 영국의 동인도회사는 그 첨병으로서의 역할을 수행했다. 이 동인도회사가 있었기에 인도에서의 차 재배와 홍차 생산이 가능했다고 해도

과언이 아닐 것이다. 동인도회사는 차 외에 커피, 후추, 초콜릿, 설탕 등 오늘날 동서양을 막론하고 많은 사람들의 사랑을 받는 기호품과 향신료 등을 식민지에서 재배하고 가공하여 유럽에 공급했다.

하지만 개인 회사에 불과한 동인도회사가 무역을 독점하고 식민지를 지배하는 데 대한 영국 내의 반발이 거세지고, 식민시 인도를 영국 정부가 직접 지배하게 되면서 동인도회사의 역할은 결국 끝이 났다. 1874년 회사는 국유화되고 2년 뒤인 1876년 아예 해산되었다. 이로써 동인도회사는 역사의 뒤안길로 사라지게 되었다.

그런데 1978년, 100년 만에 이 회사의 이름이 다시 부활했다. 영국 문장원에서 문장 사용 허가를 얻어 동인도회사가 다시 설립된 것이며, 지금은 홍차 사업에 주력하는 민간 회사로 운영되고 있다. 동인도회사는 코벤트 가든에 위치해 있다가 젊은 차 애호가들의 인기장소인 '스케치' 옆으로 확장 이전하였고 로얄 익스체인지The Royal Exchange 매장도 있다. 스케치 건물 벽면의 용맹스런 그레이트 데인이 바로 옆의 동인도회사 차 가게를 지켜보는 듯하다.

안으로 들어가면 동인도회사를 후원했던 엘리자베스 1세의 대형 초상들이 곳곳에 걸

려 있고 고품질의 차들과 아름다운 디자인의 다구들, 차 용품들이 진열되어 있다. 친절한 직원의 안내로 시음도 할 수 있다. 보스턴 티 파티, 로열 플러시, 디렉터스 블렌딩 같은 차들이 시선을 끄는 차들이다. 동인도회사의 매장에는 다른 곳에서 보기 힘든 차 관련 골동품들도 판매한다. 앤틱 가게에서도 보기 힘든 진귀한 앤틱들인 만큼 구경하는 재미도 있다. 다만 차 문외한들이라면 가격표를 보고 깜짝 놀라기도 한다. 해로즈 등의 백화점과 공항 등에도 매장을 운영한다.

🏠 7-8 Conduit St, Mayfair, London W1S 2XF　　☎ +44 20 3205 3394　　🌐 www.theeastindiacompany.com
🖼 Oxford Circus Underground Station　　📍 메이페어, 영국왕립미술원

런던에서 만나는 싱가포르의 대표 찻집

2008년 싱가포르에 처음 설립된 차 회사 TWGThe Wellbeing Group는 10여 년 만에 세계적인 브랜드로 성장했다. 서울과 부산을 비롯하여 아시아권은 물론 유럽과 미국 등의 거의 모든 대도시에서 매장을 운영하고 있다.

차를 생산하는 36개국의 다원과 독점계약을 통해 찻잎을 구매하며, 숙련된 장인들을 통하여 1,000여 종류의 차를 만들고 판매한다. 매 시즌 새로운 블렌딩을 통해 신제품을 선보이는 등 끊임없이 연구하는 차 회사로도 널리 알려져 있다. 이를 위해 매년 수천 마일을 이동하며 다양한 산지에서 생산된 수백 종의 차를 샘플링하고, 선별된 찻잎으로 만들어 낸 고품질의 싱글 에스테이트single estate 티와 독창적인 블렌딩 티를 만들어내고 있다. 또 다양한 티푸드와 함께 눈을 유혹하는 아름다운 다구들도 생산한다. 이 회사의 틴

tin 또한 매우 감각적으로 디자인되어 많은 젊은이들로부터 호평을 받는다.

런던에서는 레스터 광장점TWG Tea Leicester Square과 나이츠 브릿지점TWG Tea Knightsbridge의 두 개 매장을 운영하고 있는데, 두 곳 모두 티 엠포리움을 갖추고 애프터 눈 티 세트를 제공하지만 레스터 광장의 TWG가 본 매장이다. 레스터 광장은 관킹 시리 여서 차를 구매하거나 선물을 고르는 관광객들로 붐빈다. 공간이 너무 넓고 진열된 상품 이 다양해서 결정이 어려울 수 있으니 미리 구매할 차를 염두에 두고 가는 것도 좋겠다. 2층은 애프터눈 티를 제공하는 레스토랑인데 럭셔리한 동양풍의 실내 디자인이다. 레스 토랑 안쪽에는 TWG 대형 틴이 벽 전체를 감싸고 있고 코너에는 차 박물관도 연출되어 있다. 화려한 TWG 브랜드 이미지에 어울리는 실버 웨어와 다구들이 가득 진열되어 있 어서 볼거리를 제공한다.

TWG Tea Leicester Square
🏠 48 Leicester Square, West End, London WC2H 7LT ☎ +44 (0) 20 3972 0202 🌐 www.twgtea.com
🚇 Leicester Square 🅿 국립 초상화 갤러리, 내셔널 갤러리

TWG Tea Knightsbridge
🏠 138 Brompton Rd, Knightsbridge, London SW3 1HY ☎ +44 (0) 20 3972 0201 🌐 www.twgtea.com
🚇 Knightsbridge 🅿 해로즈 백화점, 빅토리아&알버트 뮤지엄, 자연사 박물관

영국의 국민 홍차와 만나는 시간

위타드 오브 첼시Whittard of Chelsea는 차, 커피, 핫초코를 전문으로 제조 판매하는 회사로, 영국 내에만 50개 이상의 매장을 운영하는 등 영국 사람들에게는 가장 친근하고 익숙한 브랜드로 통한다. 고급 홍차를 유통하면서도 다른 유명 브랜드에 비해 상대적으로 가격이 저렴하다는 장점도 있다.

위타드의 역사는 현대 영국 홍차의 역사이기도 한데, 1886년에 17세 소년 월터 위타드Walter Whittard가 런던에 있는 차 회사에 입사하면서 그 역사가 시작되었다. 8년 후, 청년이 된 위타드는 자기 가게를 열었는데, '최고의 제품만을 취급한다'는 정신을 모토로 삼았다. 월터는 가게 안에서 손님들이 직접 볼 수 있도록 차를 블렌딩하고 커피를 로스팅했으며, 이 특별한 가게는 이내 손님들의 인기를 끌었다.

1935년에는 월터의 두 아들 딕Dick과 휴Hugh가 가게를 운영하기 시작했는데, 이때는 대공황기였고 이어 전쟁이 일어나면서 1940년에는 창고가 잿더미로 변하고 말았다.

1941년 위타드 형제는 가게, 사무실, 창고 등을 모두 첼시로 옮겼는데, 이처럼 어려운 와중에도 그 부친이 세운 기본 정신만은 잃지 않았다. 그리고 전쟁이 끝나면서 이러한 장인정신과 상인정신은 다시 사람들에게 인정을 받게 되었다. 이후 이들의 가게는 영국 각지로 진출하게 되었고, 1999년에는 런던의 코벤트 가든Covent Garden에 기존의 어떤 매장보다 크고 화려한 매장을 열었다. 이 매장은 차의 시음과 판매가 동시에 가능한 플래그십 스토어flagship store이자 하루 종일 언제든 정통 애프터눈 티를 즐길 수 있는 티룸이기도 하다. 애플 마켓 한가운데 위치해서 늘 관광객들로 북적이고 가게 안에도 코너마다 위타드의 차들로 가득하다. 미로와도 같은 구조의 지하 티룸에는 의외로 맛난 디저트들이 다양하게 준비되어 있고 애프터눈 티 세트는 위타드 제품인 앨리스 찻잔과 티팟에 제공된다. 제공되는 차의 종류만 100여 가지에 이

를 정도로 다양하며, 신선한 완두콩 싹과 크림치즈를 곁들인 오이, 차를 넣은 스콘, 맛있는 케이크 등이 티푸드로 제공된다. 1인당 30파운드. 간단한 티 메뉴도 있는데, 샌드위치와 스콘 및 차가 제공되는 피카딜리 티THE PICCADILLY TEA는 1인당 15파운드로 즐길 수 있다.

🏠 9 The Marketplace, The Piazza, Covent Garden, London WC2E 8RB   📞 +44 20 7836 7637   🌐 www.whittard.co.uk   🕐 매일 9:30∼21:00   🚇 Covent Garden, Charring Cross   🚉 Royal Opera House

런던에서 만나는 호주의 명품 차

T2 티tea는 멜버른에서 사업을 시작한, 호주를 대표하는 차문화 회사다. 런던에도 여러 개의 매장을 운영하고 있으며 한국 사람들에게도 널리 알려진 브랜드다.

T2는 마리안 시어러Maryanne Shearer와 잔 오코너Jan O'connor가 1995년 가정용품 회사로 만든 회사이다. 그 후 차시장의 비전을 파악하고 차 회사로서 전력을 기울인다. 차 사업은 시드니, 멜버른 등 호주에서 큰 성공을 거두었고 T2는 멜버른 브랙퍼스트, 시드니 브랙퍼스트, 얼 그레이 로얄 등 베스트셀러 티를 출시했다. 2013년 유니레버에 인수된 이후 스코틀랜드, 런던, 뉴욕 등 세계 96개 매장을 확장했다.

그렇다면 T2는 무슨 뜻을 담은

이름일까? '나를 위한 한 잔, 당신을 위한 또 한 잔'의 의미로 브랜드 이름을 T2로 했다고 한다. 표기는 공동 창업자를 의미하는 'Tea two'로 처음 시작했지만 'Tea too'라는 의미로 사용되고 있다. T2는 매장과 제품의 디자인이 독특한데 오렌지 색과 비비드 컬러 티 박스가 피라미드처럼 쌓여 있다. 이는 티타임의 즐거움을 상징하고 있는데 활기차고 캐주얼한 분위기로 젊은 차 애호가들에게 인기가 있다. 기존 차 브랜드와의 차별성을 모토로 하고 있으며, 차를 더욱 즐겁고 접근하기 쉽게 만드는 일, 실험적으로 새로운 차를 개발하는 일에 몰두한다고 한다.

게다가 T2는 최근 비콥B Corp 인증도 받았는데, 비콥 인증B Corporation Certified이란 특정 회사가 자기 회사의 이익만을 추구하지 않고 소비자와 직원, 지역사회 등 모든 이해관계자의 이익을 투명하게 추구하는 기업에게 주는 인증이다. 록펠러재단이 출자한 비영리기관 비랩B Lab이 인증기관이며, 여기서 말하는 비B는 이익Benefit의 약자로 지역사회와 이익을 나누는 기업을 비콥B Corp이라 부르는 것이다.

기업 입장에서 비콥 인증을 받기는 쉽지 않다. 기업의 매출이나 규모 등으로 판단하는 인증이 아니라 제품과 서비스는 물론 직원의 참여 정도, 지역사회에 대한 기여의 정도, 친환경 정책의 정도, 지배구조의 투명성 등을 종합적으로 평가하기 때문이다. 지금까지 대략 3,000여 개의 기업들이 이 인증을 받았는데, 우리나라 기업도 10여 곳이 비콥 인증을 받았다.

비콥 인증을 받은 기업들은 세계의 불평등 감소, 빈곤 퇴치, 더 건강한 환경 만들기, 더 강력한 공동체 건설, 그리고 더 좋은 직업의 창출을 목표로 삼고 있는데, 이런 목표를 달성하기 위한 가장 강력한 힘이 사업에서 비롯될 수 있다고 믿기 때문에 회사를 운영하는 것이다.

실제로 T2의 차들은 친환경 유기농법으로 재배된 찻잎을 사용하며, 포장지 등의 모든 제품은 비닐이 아니라 종이, 혹은 재활용이 가능한 것들만 사용한다.

292 Regent St, Marylebone, London W1B 3AL +44 20 7580 6360 www.t2tea.com/en/uk
Oxford Circus Underground Station 리버티 백화점, 웨스트민스터 대학

애프터눈 티의 도구들

차를 우리는 데 필요한 도구들을 다구라 하는데, 홍차 다구들은 흔히 영어식으로 티웨어(tea ware)라 부른다. 필수적인 홍차 티웨어들을 살펴보자.

◎ 티포트(tea pot) : 찻잎을 넣고 뜨거운 물을 부어 차를 우려내는 데 쓰는 도구이다. 동양의 탕관이나 다호보다 대체로 크고 찻잎의 점핑(jumping)이 잘 이루어지도록 원형으로 만드는 것이 보통이다.

◎ 티 케틀(tea kettle) : 물을 끓이는 주전자이다.

◎ 티 언(tea un) : 뜨거운 물을 보관해두는 일종의 보온기이다. 여기에 미리 우린 차를 넣어놓고 필요한 만큼 따라 마실 수도 있고, 진하게 우린 차에 언의 뜨거운 물을 추가하여 농도를 조절해 마실 수도 있다.

◎ 티컵(tea cup)과 소서(saucer) : 찻잔과 잔 받침이다. 동양의 찻잔과 달리 손잡이가 있다.

◎ 슈거볼(sugar bowl) : 초기의 설탕은 옥수수 모양의 블록 형태로 제조되었다. 귀족들의 주방에는 이런 설탕을 부수기 위한 집게와 망치 등이 갖추어져 있었다. 이렇게 잘게 부순 설탕을 슈거볼에 담아 티 테이블에 올렸고, 은 소재의 집게가 함께 제공되었다.

◎ 밀크저그(milk jug) : 밀크티를 위한 우유를 담는 그릇이다.

◎ 티 스트레이너(tea strainer) : 티 포트에서 차를 따를 때 찌거기 잎 등을 거르기 위한 거름망이다.

◎ 티 캐디(tea caddy) : 차 보관용 상자이다. 상업화 이후 판매업체들이 아름다운 그림으로 장식된 캔(can)을 출시하면서 이 티캔이 캐디의 역할을 대신하는 경우가 많다.

◎ 티 스푼(spoon)과 메이저(measure) 스푼 : 티 스푼은 설탕을 넣거나 녹일 때 쓰는 스푼이고, 메이저 스푼은 찻잎을 개량할 때 사용하는 스푼이다. 일반적인 메이저 스푼의 용량은 3그램이다.

◎ 케이크 스탠드(cake stand) : 2단 또는 3단으로 되어 있고, 티푸드를 올려놓은 일종의 받침대이다.

◎ 티 코지(tea cozy) : 차를 우리는 동안 티 포트의 온도를 유지시키기 위한 보온용 덮개이다.

◎ 티 냅킨(tea napkin) : 일반 냅킨보다 작게 만들고 화려한 자수 문양이나 레이스가 있는 것이 보통이다.

◎ 티 타월(tea towel) : 린넨이나 면으로 만들며, 차를 따를 때 포트의 밑부분에 대어 차가 바닥으로 흘러내리는 것을 막아주는 용도로 쓰인다.

◎ 인퓨저(infuser) : 영구적으로 사용할 수 있는 일종의 티백이다. 여기에 찻잎을 넣고 포트에 넣어 차를 우린다.

◎ 티 워머(tea warmer) : 차를 마시는 동안 포트 안의 차가 식지 않도록 유지시켜주는 가열 도구이다.

세상에서 가장 오래된 홍차 가게의 차 교실

홍차를 좋아하는 사람치고 트와이닝스Twinings를 모르는 사람은 없을 것이다. 오랜 역사와 대중성을 동시에 자랑하는 브랜드다. 1706년에 스트랜드Strand 216번지에 커피하우스를 열고 커피와 홍차를 판매하기 시작했으니 이미 300년 이상의 역사를 자랑하는 홍차 브랜드이자 티룸이며, 지금도 그 자리에 플래그십Flagship 숍이 있다. 런던에서 가장 오래된 찻집인 셈이다. 전문가들이 상주하면서 차의 선택을 도와줄 뿐만 아니라 시음도 가능하고 차 교실도 열리고 있다.

300년 된 이 가게의 역사는 영국 근대 홍차문화의 역사 그 자체라고 해도 과언이 아니다. 스트랜드가 216번지는 다채로운 영국 차 역사를 함께 써내려간 장소이다. 차를 고르는 고객들 사이로 갈피갈피 지나가야 하는 좁고 길다란 가게가 터널처럼 펼쳐지고 안에는 짙은 나무 선반마다 세계의 수많은 차들이 쌓여 있다. 차 선반 위로는 창립자인 토마스 트와이닝부터 대대로 회사를 경영하고 지켜온 가족들의 초상화가 걸려 있다. 당대의 풍속 화가였던 윌리엄 호가스는 차 애호가였으나 늘 쪼들리는 생활을 했다. 청구서를 해결하는 방법으로 초상화를 그려서 이에 대신했다. 현재는 이 호가스의 초상화들 덕분에 트와이닝스는 박물관급 공간으로 빛을 발한다.

창립자 트와이닝스는 1717년에 골든 라이언이라는 커피 하우스를 열었다. 이전까지
커피하우스는 남성 전용 공간이었으나 여성에게도 차를 즐길 수 있도록 매장 문을 열어
큰 성공을 거둔다. 가업은 계속 이어져 그의 손자 리처드는 현재까지도 사용되는 트와이
닝스TWININGS라는 글자 서체를 제작했다. 이는 세계에서 가장 오래된 회사 로고이다.
그는 1784년에는 영국의 차 관세를 대폭 낮추는데 주도적인 역할을 했고, 골든 라이언의
상징이었던 사자상과 중국 차상인 조각품을 지금의 출입구에 석조물로 세웠다. 이외에
도 트와이닝은 영국 차 역사의 중요한 순간마다 선구적인 역할을 해왔다.

차 매장의 가장 안쪽에는 세계의 차 산지에서 선택된 차들을 시음할 수 있는 공간이
있고 그 옆에 트와이닝의 역사를 보여주는 미니 박물관이 꾸며져 있다. 언뜻 소박해 보
이는 진열장에는 앤틱 찻주전자나 티 캐디, 트와이닝사가 받은 최초의 로얄 워런트 증

서, 트와이닝의 단골 고객이던 새뮤얼 존슨의 티컵, 왕실 중요 기념일에 제작되었던 티 캐디 등 소중한 보물들을 찾아볼 수 있다. 왕실에도 차를 납품하던 이 가게에 드나든 사람 가운데 가장 유명한 사람으로는 우선 수상을 지내기도 한 찰스 그레이 Charles Grey 백작이 있다. 당시 영국의 귀족들은 중국에서 수입해오는 정산소종 홍차를 즐겨 마셨는데, 이 비싼 홍차와 유사한 풍미를 내는 새롭고 저렴한 홍차 블렌딩에 매달리다가 마침내 신제품 하나를 내놓게 되었

다. 상대적으로 값싼 홍차에 베르가모트라는 식물의 향을 첨가한 새로운 홍차로, 이를 맛본 그레이 백작이 정산소종과 유사하다고 인정을 해주면서 이 새로운 홍차에는 얼 그레이Earl Gray라는 이름이 붙게 되었다고 한다. 반대로 그레이 백작이 이 홍차의 제조법을 처음 발견하여 차 상인들에게 주었다는 설도 있다. 문제는 그레이 백작으로부터 새로운 블렌딩의 레시피를 처음 받았거나, 혹은 그에게 새로운 홍차를 제공한 차 상인이 누구였는가 하는 점이다. 트와이닝스는 그게 바로 토마스 트와이닝이었다고 주장하는데, 로버트 잭슨(Jacksons of Piccadily의 차 상인)이었다는 주장도 있다.

얼 그레이 외에 『오만과 편견』을 쓴 여성 소설가 제인 오스틴Jane Austen 역시 이 가게의 단골이었다고 한다. 트와이닝스는 본래 남자들에게만 출입이 허용되던 커피하우스에 자신들이 처음 여성 고객들의 입장을 허용함으로써 여성 인권의 신장에도 기여했다고 자랑한다.

트와이닝스에서는 앰버서더ambassador로 불리는 차 전문가들이 진행하는 2시간짜리 차 교실도 열린다. 6대 다류를 비롯한 차의 종류, 차의 기원, 영국의 차문화 등을 실습과 함께 배우는 교실이다.

🏠 216 Strand, Temple, London WC2R 1AP ☎ +44 20 7353 3511 🌐 www.twinings.co.uk ⏱ 9:30~19:00(주말은~17:00) 🚇 Temple Station 🏛 런던경제학교, Sir John Soane's Museum

런던 한복판에서 즐기는 동아시아의 차 한잔

포스트카드 티POSTCARD TEAS는 여러모로 독특한 가게다. 기본적으로 각종 차와 다구들을 판매하는 매장이자 차를 마실 수도 있는 티룸이다. 포스트카드에서는 차 포장에 차의 원산지 표시뿐만 아니라 차의 채엽 날짜를 표기한 최초의 차 회사이다.

가게는 그리 크지 않으나 차 산지에서 직접 고른 100여 가지 차들이 구비되어 있다. 차틴들은 차 내용을 상징하는 그림들로 디자인되어 있다. 그리고 중국차, 일본차 등 동아시아 차문화에 조예가 깊은 회사의 주인장이 저자인 차문화 관련 서적과 동아시아 차문

화의 다구들이 정갈하게 진열되어 있으며 구매도 가능하다. 하지만 이런 일반적인 설명으로는 이 찻집의 진면목을 전혀 설명할 수 없다. 그렇다면 포스트카드 티의 특징들이란 무엇일까?

첫째, 주인 팀Timothy d'Offay이 그야말로 차를 사랑하는 차 전문가다. 차에 관한 책을 영어는 물론 일본어로도 냈는데, 일본에서 유학까지 했다고 한다.

둘째, 독특하게도 일본, 한국, 타이완, 중국 등 동아시아의 차를 많이 취급한다. 인도나 스리랑카의 홍차 등 전세계의 차를 두루 취급하지만 이곳처럼 한중일의 차를 많이 접할 수 있는 찻집은 런던에 없다. 다구 역시 서양식이 아니라 동양적인 감성을 지닌, 실제로 동아시아에서 만들어진 물건들을 많이 취급한다.

셋째, 차와 다구는 주인이 그 생산지에 직접 가서 생산자를 만나보고, 생산 과정 등을 눈으로 직접 확인한 제품만 들여온다. 우리나라 차의 경우 하동의 다원에서 만든 홍차와 녹차를 취급하고 있었다.

넷째, 유기농으로 재배한 차만 취급한다.

다섯째, 소규모 다원의 차만 취급한다. 다구 역시 대기업이 아니라 개인들이 수공업으로 만든 제품만 취급한다. 이렇게 소규모 생산자를 중시하는 것은 그래야 품질을 보증할 수 있고, 그래야 소규모 다농이나 장인들이 정당한 대우를 받으면서 지속적으로 경영 활동을 할 수 있기 때문이라고 한다. 말하자면 소규모 다농과 장인들을 윤리적, 경제적으로 지원하기 위한 것이다. 이처럼 소규모 개인들이 생산하는 차와 다구만 취급하다보니 그 품질이 최고의 수준을 유지하는 것은 물론 다양성을 확보하고 있는 것도 이 가게만의 특징이다.

여섯째, 작은 종이 상자에 50g 단위로 포장된 다양한 종류의 차들을 판매하는데, 상자 겉면에 엽서가 붙어 있다. 이 가게의 이름이 포스트카드 티인 이유다. 차의 종류를 고르고 엽서에 주소와 사연을 적어주면 세계 어느 곳이든 배달해준다.

일곱째, 시음과 품평을 곁들인 티 클래스를 매주 토요일마다 1시간씩 진행하는데, 월별로 테마를 정해 정기적으로 진행한다고 한다.

이처럼 차를 진정으로 사랑하는 주인이 직접 발로 뛰며 엄선한 차들을 제공하고, 분명한 철학을 바탕으로 찻집을 운영하는 곳이 포스트카드 티다. 런던의 수많은 찻집들 중에 가장 독특하고 매력적이며 깊이를 갖춘 찻집이라고 해도 좋을 듯하다.

🏠 9 Dering St, Mayfair, London W1S 1AG 📞 +44 20 7629 3654 🌐 www.postcardteas.com 🕙 월~토 10:30~18:30

Ⓢ Bond Street, Oxford Circus

대영박물관 앞, 한국인들이 사랑한 찻집

카멜리아 티 하우스Camellia's Tea House는 2007년에 세워진 티룸이다. 대영박물관 맞은 편에 자리하고 있어 박물관을 찾았던 관광객들이 자연스럽게 찾게 된다. 한국인 관광객 들도 심심치 않게 많이 찾는다고 한다.

이 티룸은 동종요법 의사인 루브나 마단Lubna Madan과 영국 최초의 ITEIInternational Tea Education Institute 마스터 티 소믈리에이자 분자생물학을 공부한 아지트 마단Ajit

Madan 형제에 의해 설립되었다. 의사와 티 소믈리에가 함께 연 티룸이니 당연히 무엇보다 건강을 앞세우는 티룸으로 출발했다. 차와 꽃, 향신료, 허브를 블렌딩한 퓨전 홍차뿐만 아니라 허브티 역시 다양하게 선보였다.

무엇보다 이 티룸의 차들은 주인이 직접 손으로 블렌딩해서 제공한다는 데 특징이 있다. 동종요법 의사이자 허브를 통한 치료에 경험이 많은 주인이 직접 유기농 찻잎과 허브들을 고르고 적절히 혼합하여 상품으로 판매하는 것이다. 그렇게 이들이 개발한 차만 100가지가 넘는다고 한다. 이 티룸에 가면 건강 문제와 관련된 개인적인 상담을 통해 가장 적절한 차를 추천받을 수도 있다.

이 티룸의 정통 애프터눈 티도 이미 높은 명성을 얻고 있다. 다양한 케이크와 타르트가 현지에서 조달된 재료로 신선하게 구워진다고 하며, 이곳의 애프터눈 티 메뉴는 매년 런던에서 10위권 안에 포함된다고 한다.

가게는 아담한 공간에 카멜리아티와 아기자기하면서 캐주얼한 분위기의 각종 다구들이 촘촘하게 진열되어 있다. 카멜리아티는 웰빙 브랜드로 알려져 단골 고객층이 있을 뿐 아니라 차문화를 적극적으로 알리는 티클래스와 활발한 홍보로 인해서 런던 애프터눈 티 명소로 꼽힌다.

이곳의 정통 애프터눈 티에는 100가지 넘는 차들 중에서 고른 차와 수제 샌드위치, 다양한 케이크 및 페이스트리 등이 제공된다. 매일 오전 10시부터 오후 5시까지 아무 때나 가능하며, 가격은 1인당 28파운드.

'티 소믈리에 추천 애프터눈 티'도 있는데, 정통 애프터눈 티에 비해 더 고급의 차가 제공된다. 1인당 40파운드.

🏠 64 Great Russell St. Holborn, London WC1B 3BL ☎ +44 20 7242 2308 🌐 www.camelliasteahouse.com 🕙 매일 10:00~17:00 🚇 Holborn tube station 🅿 대영박물관, Bedford Square Garden

런던의 가장 대중적인 홍차 가게

티 하우스The Tea House는 코벤트 가든Covent Garden에 있는 차 전문 상점이다. 1982년부터 상점을 시작했고, 그동안 많은 매체들에 소개되는 등 나름대로 성공 가도를 달리고 있다. 다양한 고품질의 차들을 판매하고 있어 런던 시민들은 물론 차를 좋아하는 전세계의 관광객들도 많이 찾는 티샵이다. 주인은 오래된 단골이 아주 많은 가게라고 자랑한다.

백차, 녹차, 청차는 물론 보이차까지 갖추고 있으며 대략 200종 이상의 차들을 판매한다. 허브차와 루이보스 등의 차도 판매하며, 다양한 티웨어들도 구비하고 있다.

매장의 1층에는 주로 차 제품들이 전시되어 있는데, 녹차는 녹색, 홍차는 붉은색 등 차 종류별로 구분을 해놓았다. 또 여러 종류의 찻잎을 포장된 제품 옆에 놓아두어 손님들이 찻잎을 확인하거나 향을 맡아볼 수 있게 했다. 타사의 제품들도 같이 판매하고 있으며, 시즌별로 스페셜 제품을 선별하여 소개하기도 한다.

2층으로 올라가는 계단과 2층에는 주로 티웨어들이 전시되어 손님을 기다리고 있다.

티하우스에는 광범위한 차들과 허브티, 티웨어들이 무척 다채롭게 갖춰져있다. 동양 주철 주전자부터 털실로 짠 티코지까지 차 관련 상품이 없는 게 없는 만물상처럼 느껴진다. 코벤트가든 중심에 위치해서 접근성도 좋은 편이다.

이곳을 찾는 손님들 중에는 주인의 말대로 오래된 단골로 보이는 노인과 신사들이 많다.

🏠 15 Neal St, Covent Garden, London WC2H 9PU ☎ +44 20 7240 7539 🌐 www.theteahouseltd.com 🔽
월~수 10:00~19:00 목~토 10:00~20:00 일요일 및 공휴일 11:00~19:00 🚇 Covent Garden 🔗 위타드 오브 첼시, 국립 초상화 갤러리

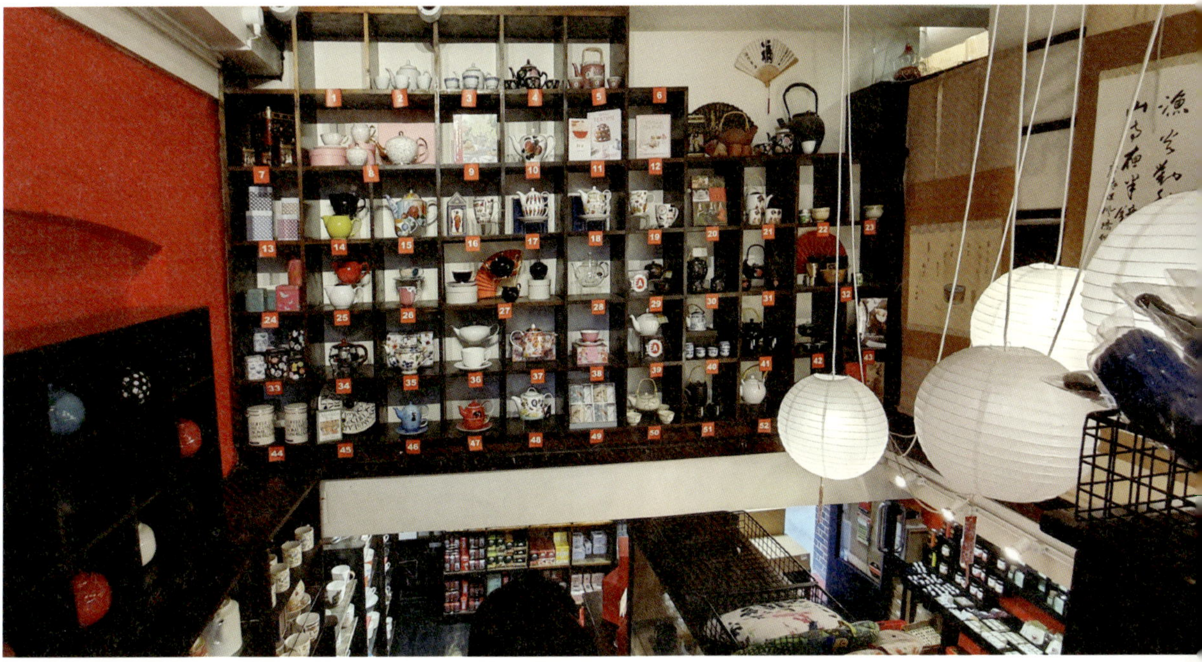

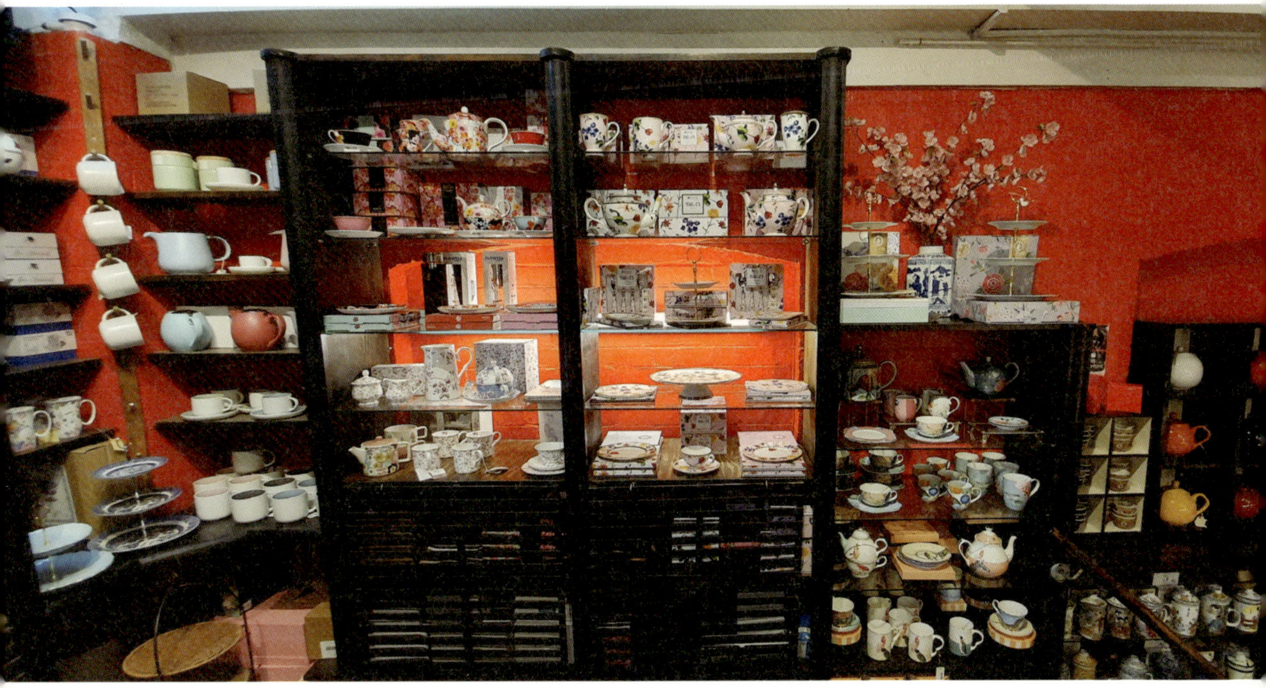

요리와 차의 완벽한 궁합을 찾아서

홍콩에서 태어나 어린 시절 영국으로 건너간 알란 야우丘德威는 다양한 동양 음식들을 테마로 한 여러 개의 레스토랑 체인을 세운 인물이다. 일본라면집 와가마마Wagamama, 학가客家족 전통요리를 현대화한 학가산Hakkasan 등이 대표적이다. 학가족은 중국 남부 광둥성과 타이완 등에 살던 소수민족 원주민이며, 알란 야우 역시 학가족 출신이다. 서울의 JW 메리어트 호텔에 있는 바 '더 라운지The Lounge'의 식음료 세트 역시 이 알란 야우의 컨설팅을 통해 탄생했다고 한다. 더 라운지에서는 애프터눈 티 외에 딤섬을 비롯한 중국 요리와 최고급 차를 매칭한 다양한 메뉴들을 선보이고 있다.

런던의 소호 거리에 있는 야우아차Yauatcha는 알란 야우가 2004년에 세운 또 하나의 독특한 중식 레스토랑으로, 딤섬을 주축으로 한 학가족 전통요리와 최고급 차의 콜라보레이션을 추구하는 곳이다. 딤섬은 서양인들에게도 인기 있는 홍콩의 대표 음식이고, 학가족의 전통요리는 오늘날 우리가 광동요리라고 부르는 중국 음식들의 모태와 같은 음식이다. 이들 중국 요리와 중국의 최고급 차들을 매칭시킨 메뉴를 통해 야우아차는 미쉐린 선정 스타 레스토랑에 등극하기도 했다.

唐茶苑 YAUATCHA

야우아차는 미식가들에게 잘 알려진 장소로 딤섬을 즐기는 단골들로 붐빈다. 딤섬에 어울리는 야우아차 자체 브랜드의 차들도 입구 쪽에 갖추어져 있고 구매도 가능하다. 요리와 차뿐만 아니라 다양한 디저트와 알록달록 마카롱들도 판매한다. 디저트의 맛도 모두 수준급이다. 한 장소에서 딤섬과 디저트를 겸한 애프터눈 티가 가능하다.

차와 요리의 궁합은 사실 새로운 것은 아니다. 중국인들은 수천 년 동안 음식과 함께 차를 마셔 왔고, 중국의 다양한 음식에 어울리는 차를 선택해왔다. 이런 선택을 위해서는 몇 가지 기초적인 지식이 필요한데, 야우아차의 매니저가 말하는 음식과 차의 좋은 궁합에 대해 몇 가지만 소개한다.

먼저 백차는 그 맛이 순하기 때문에 맛과 질감이 가벼운 음식에 적합하다. 향이나 맛이 강한 광동요리들 대부분은 백차의 향기와 달콤한 맛을 압도해버릴 염려가 있다. 반면에 킹크랩과 살이 많은 해산물 요리와는 잘 어울린다. 킹크랩에는 특히 백호은침을 추천한다고 한다.

절강의 용정과 같은 녹차는 닭고기 만두와 잘 어울리고, 안계철관음은 구운 소고기 요리와 잘 어울리며, 봉황단총은 쿵파오치킨(닭고기를 땅콩, 매운 고추와 함께 볶아 알싸하고 매콤한 맛과 향이 나는 요리)과 잘 어울린다고 한다.

🏠 15–17 Broadwick St, Soho, London W1F 0DL 📞 +44 20 7494 8888 🌐 www.yauatcha.com 🕐 매일 12:00~01:00 🚇 Piccadilly Circus Station, Oxford Circus Underground Station, Tottenham Court Road tube station 🖼 The Photographers' Gallery, The National Gallery

애프터눈 티의 티푸드들

귀족층에서 시작된 애프터눈 티의 특징은 푸짐한 티푸드가 곁들여진다는 점이다. 서민들도 애프터눈 티를 즐길 때는 나름대로 다과를 준비하여 함께 즐겼는데, 이는 늦은 저녁식사 시간까지의 허기를 달래기 위함이었다.

애프터눈 티의 초기에는 버터 바른 빵이나 간단한 토스트 등이 주를 이루었는데, 나중에는 샌드위치, 스콘, 푸딩, 비스킷 등이 추가되었다. 이후 설탕의 가격이 하락하면서 쇼트케이크와 마카롱을 비롯하여 달콤한 메뉴들이 더욱 늘어났다.

3단 트레이에 나오는 다양한 티푸드들은 단것일수록 위에 배치하는 것이 원칙이며, 따라서 먹을 때는 밑에 있는 티푸드부터 먹는 것이 보통이다.

◎ 샌드위치 : 영국의 정치가였던 샌드위치(Sandwich) 백작이 만든 음식이다. 도박에 몰두하던 그는 친구들과 카드놀이를 할 때 정식으로 식사를 차려 먹는 시간조차 아까워했다고 한다. 이에 호밀빵의 가운데를 자르고 야채와 베이컨 몇 조각을 올려서 간단하게 먹은 뒤 다시 게임에 몰두했다. 당시 도박장에 있던 다른 귀족들이 이를 흉내내어 따라하면서 유행했다. 애프터눈 티에는 연어, 햄, 로스트 비프 등이 들어간 샌드위치들이 많이 이용되는데, 정통을 고집하는 경우 빠지지 않는 것이 오이 샌드위치이다. 애프터눈 티의 초창기에 오이는 매우 귀한 여름작물이어서, 온실 재배를 할 수 있는 귀족의 저택에서나 오이 샌드위치를 만들어 대접할 수 있었다고 한다.

◎ 스콘 : 속에 아무 것도 넣지 않고 구운 빵이다. 클로티드 크림, 잼, 버터 등과 함께 나온다. 오늘날의 영국 스콘은 크게 세 종류로 나뉜다. 바삭한 시골풍 스콘과 부드러운 런던풍 스콘, 짭짤한 맛의 세이보리 스콘이 그것이다. 호텔의 애프터눈 티 메뉴에는 보통 런던풍 스콘이 나온다. 건포도나 말린 과일을 스콘을 구울 때 함께 넣기도 한다.

◎ 케이크 : 산업혁명 이후 설탕 가격이 싸지면서 자연스럽게 티푸드에 오른 음식이다. 밀가루에 달걀, 버터, 설탕 등을 섞어 구운 정통 케이크가 있고, 버터를 듬뿍 넣어 만든 쇼트케이크도 있다. 티타임에 쓰이는 대표적인 케이크는 파운드케이크이다. 런던 애프티눈 티 전문점들에서는 잘게 잘라서 접시에 담아서 주기도 하고, 별도의 트롤리에 싣고 와서 손님이 원하는 케이크를 바로 잘라서 주기도 한다.

◎ 마들렌 : 밀가루, 달걀, 설탕, 버터, 쇼트닝 등을 배합한 말랑말랑한 반죽을 마들렌 틀(편평한 컵케이크 틀)에 흘려 넣어 구운 과자이다. 흔히 컵케이크라고 부르는 과자 중 하나이다. 달걀과 유지를 많이 써서 연하고 가볍게 만든 것이 고급품이며, 영국에서는 가장 흔한 과자 중 하나이다.

◎ 카나페 : 빵을 얇게 썰어서 여러 가지 모양으로 잘라 튀기거나 토스트하여 만드는데, 빵을 그대로 사용하기도 하고 크래커를 이용해 만들기도 한다. 빵 위에 버터를 바른 다음 그 위에 여러 가지 재료(생선알, 안초비, 채소, 햄, 훈제 연어, 치즈, 캐비어, 생선 무스 등)를 얹어 만든다.

런던에서 즐기는 파리지앵 마카롱의 환상적인 맛

제분업자이자 작가였던 루이-에르네스트 라 뒤 레Louis-Ernest Ladurée는 1862년에 파리의 로얄 거리Rue Royale에 베이커리를 열었다. 하지만 이 빵집은 1871년의 프랑스 대혁명 때 불에 타버렸고, 이를 재건하면서 페이스트리 샵으로 바뀌었다. 당시 이 가게의 인테리어는 유명 화가였던 율 세레 Jules Cheret가 맡았는데, 라 뒤 레 Ladurée의 내외관을 오늘날 라뒤레를 상징하는 특유의 옅은 민트색으로 단장했다. 훗날 소피아 코폴라Sophia Coppola는 이 빛깔에 영감을 얻어 그녀의 영화 〈마리 앙투아네트Marie Antoinette〉의 세트를 여기에 맞춰 디자인하기도 했다.

라뒤레가 유명세를 타게 된 것은 1930년 라뒤레의 손자 피에르 데퐁텡 Pierre Desfontaines이 두 겹의 크러스

트 사이에 가나슈ganache 필링filling을 채운 마카롱을 개발한 이후부터다. 이와 함께 데 퐁텐은 페이스트리 샵 안에 여성들의 출입이 허용되는 티룸을 열었다. 많은 여성들이 가 정에서 벗어나 친구들과 함께 마카롱의 달콤함과 차 한잔의 여유를 즐기기 위해 이 가게 를 찾게 됨으로써 라뒤레는 큰 성공을 거두었다. 오늘날까지도 파리지앵 마카롱의 원조 로서 그 명성을 이어가고 있는 라뒤레는 파리의 대표적 관광명소 중 하나다.

이런 라뒤레의 매장은 세계 곳곳에서 운영되고 있으며, 우리와 가까운 일본이나 홍콩 등에도 여러 개의 매장이 있다. 2012년에 서울에도 진출했으나 모든 재료들을 파리에서 직접 공수하여 사용하는 등 수지타산을 맞추지 못해 결국 철수했다. 런던에는 총 4개의 매장이 있다.

런던의 라뒤레 매장으로 코벤트 가든과, 로얄 익스체인지 근처를 추천해 본다. 코벤트 가든의 라뒤레는 관광객들로 붐비지만 눈이 동그레지는 라뒤레의 다양한 디저트들을 만 나볼 수 있으며 매장 2층의 레스토랑 테라스 쪽에 앉으면 코벤트 가든 광장의 거리공연 을 한눈에 즐길 수 있는 명당 좌석이 된다. 로얄 익스체인지 매장은 아늑하게 라뒤레 마 카롱과 라뒤레 블렌딩 티를 함께할 수 있는 곳이다. 두 곳 모두에서 여성 취향 저격의 라 뒤레 소품들과 블렌딩 티를 구경해보는 것도 재미있다.

🏠 14 Conhill Street, London EC3V 3ND 📞 +44 (0) 20 7283 5727 🌐 www.laduree.co.uk 🕐 08:00~20:00
📍 Bank Station 🔵 잉글랜드은행

동화의 나라에서 즐기는 깜짝 애프터눈 티

하우스 오브 프레이저House of Fraser(약칭 HOF)는 다른 백화점들에 비해 중저가 브랜드가 많은 편이다. 여성복·남성복·아동복부터 가구, 전자기기, 주방잡화 등이 구비되어 있으며 런던의 중산층이 많이 찾는다.

영국과 아일랜드 전역에 51개의 매장이 있는데, 첫 백화점은 1849년 스코틀랜드의 글래스고에서 아서Arthur와 프레이저Fraser에 의해 설립되었다고 한다.

이 백화점에도 애프터눈 티를 즐길 수 있는 티룸 티 테라스Tea Terrace가 있다. 전체적으로 알록달록 파스텔톤이 주조를 이루고 있고, 티웨어는 최고급 로열 앨버트의 제품이다. 핑크와 파랑이 적당히 섞인, 소녀 취향의 밝고 화사한 인테리어가 특징으로, 머리가 아픈 날 찾아가면 저절로 기분이 좋아질 듯하다.

이 티룸에는 동화 속과도 같은 핑크와

스카이 블루 색의 등받이가 높이 솟은 공주님 안락의자에다 신데렐라 마차 같은 꽃마차가 있다. 애프터눈 티 세트를 마차 안에서 즐길 수도 있고 포토 존으로 사용하기도 한다.

티 테라스는 2차 세계대전 이후 침체기였던 애프터눈 티 문화의 부흥을 위해 일찍부터 백화점에서 티룸을 운영하였다.

독특하고 진기한 티룸 티 테라스의 목표는 영국식 티룸의 개념을 재창조하는 것이라고 한다. 현재 영국에 세 개의 티룸을 운영하고 있는데, 그 중 두 개는 런던 중심부에 있고 다른 하나는 서레이 힐Surrey hills의 길퍼드Guildford에 있다. 하우스 오브 프레이저에 있는 티룸이 2010년 초에 처음 문을 열었고, 이후 약 10년 동안 2백만 명이 넘는 손님들이 다녀갔다고 한다.

🏠 318 Oxford Street, London, W1C 1HF 📞 +44 343 909 2046 🌐 www.theteaterrace.com 🕐 월~토
10:00~21:00 일 12:00~18:00 🚇 Bond Street Underground Station, Oxford Circus Underground Station
🅿 John Lewis & Partners, Royal Institute of British Architects

"Tea's proper use is to a... ...tudious and dilute the
full meals of those who c... ...ill not use abstinence."
Samuel... ...writer

"Love and scandal are the best sweeteners of tea."
Henry Fielding, English novelist

가장 오래된 백화점에서 즐기는
애프터눈 티 한잔의 여유

리버티Liberty 백화점은 런던에서도 가장 오랜 역사와 전통을 자랑하는 고급 백화점이다. 다른 백화점과 마찬가지로 여러 가지 물건들을 팔지만 이곳은 특히 리버티 꽃무늬 원단이 유명한 곳이다. 리버티 원단은 전세계적으로 찾는 이들이 많은 독특한 꽃무늬 원단으로, 백화점 곳곳 역시 이 원단으로 장식되어 있다. 게다가 상품들 외에 다양한 고전 그림들이 곳곳에 걸려 있어 백화점보다는 차라리 갤러리에 가까운 분위기다. 상품보다는 '문

화'를 파는 곳인 리버티 백화점은 시간에 쫓기지 않으면서 미술 관람하듯 천천히 느긋하게 쇼핑을 할 수 있는 곳이다. 1층에는 화장품 매장이 있고, 2층에는 패션 의류와 페브릭 천을 주로 판매하는 매장들이 있다. 3층에서는 인테리어 디자인 소품과 장신구를 판매하고 있다.

리버티 백화점은 1875년에 아서 라센비 리버티Arthur Lasenby Liberty가 처음 세웠다고 하며, 100년도 넘은 이 건물의 계단은 여전히 목조여서 걸을 때마다 삐걱거리는 소리가 난다. 물론 현대식 엘리베이터도 설치되어 있다. 과거와 현재, 예술과 상품이 공존하는 곳이 리버티 백화점이다.

이곳의 2층에 '카페 리버티'가 있디. 징통 애쓰터눈 티는 물론 크림티와 모닝티 등 다양한 차 메뉴들을 선보이고 있다. 이 티룸의 티웨어들 역시 리버티 패턴을 이용해 디자인한 것들이다. 스콘이 특히 따뜻하고 부드러운 맛으로 유명하다.

🏠 Regent St, Soho, London W1B 5AH 📞 +44 (0) 20 3893 3062 🌐 www.libertylondon.com ⏰ 월~토 15:00~18:00 일 12:00~17:00 📍 트라팔가 광장, Her Majesty's Theatre

홍차에 관한 모든 것을 판다

런던은 물론 세계에서도 가장 유명하다는 백화점 해로즈의 경쟁업체가 바로 셀프리지 Selfridge다. 1909년 설립돼 마찬가지로 긴 역사를 자랑하고 최고급 상품들을 취급하는 것으로 유명하지만, 해로즈에 비해서는 가격대가 비교적 합리적이라고 인식되는 백화 점이다.

해로즈도 그렇지만 이곳에 가면 홍차나 애프터눈 티와 관련된 모든 것을 구경하고 구 매할 수 있다. 각종 차와 티웨어들은 물론 애프터눈 티에 필요한 티푸드들도 무척이나 다 양하게 구비되어 있어 차를 사랑하는 사람들이라면 지갑을 열지 않을 수 없게 만든다. 셀 프리지는 식품점도 잘 갖추어져 있지만 해로즈와는 다른 분위기로 다양한 차들을 구비해 놓았다. 화려한 왕실 기념틴이나 쿠키틴들, 트레고스난 티 등의 반가운 티 브랜드를 직접 고를 수 있다. 마리아쥬 프레르 매장이 별도로 입점해 있고, 레스토랑 겸 바인 더 코너 The Corner에서는 실제로 애프터눈 티를 즐길 수도 있다.

400 Oxford St, Marylebone, London W1A 1AB +44 20 7160 6222 www.selfridges.com/uk 월 ~토 10:00~19:00 일 11:00~17:00 Bond Street Underground Station 대영박물관, The Regent's Park

천상의 정원에서 인생샷을

스카이 가든Sky Garden은 최근에 들어선 런던 최고의 전망대다. 37층 높이의 전망대에 오르면 런던 시내 전체가 발밑에 펼쳐진다.

스카이 가든은 팬처치 스트리트 Fenchurch Street 20번지에 있고 입장료도 무료이며, 2004년에 세계적으로 유명한 우루과이의 건축가 라파엘 비뇰리Rafael Viñoly가 설계했다.

스카이 가든의 첫 번째 자랑은 역시 뷰view다. 템즈강 일원은 물론 방탄소년단이 공연을 했던 웸블리 Wembley 스타디움, 타워 42, 〈해리 포터〉 촬영지인 레든홀Leadenhall 빌딩, 올림픽 스타디움, 금융 중심가인 카나리워프Canary Wharf, 런던 타워, 초고층빌딩 더 샤드The Shard 등이 시야에 들어온다.

스카이 가든의 두 번째 자랑은 '가

든'이다. 스카이 가든에서는 영국인들의 끝없는 정원 사랑을 느낄 수 있다. 하늘과 맞닿을 것만 같은 마천루 꼭대기에 야자수로 가득한 대형 공중정원이 펼쳐져서 보는 이들을 감탄하게 한다. 세계 각지에서 들여온 온갖 식물들이 전망대를 가득 채우고 있어 눈이 초록색으로 물들 것만 같다. 야외 전망 테라스로 나가면 템즈 강가의 건물들이 작은 상자처럼 늘어서 있다. 이곳에서 인생샷을 찍으려고 휴대폰을 치켜든 사람들은 강바람으로 머리가 흩날리는 사진을 추억으로 저장하게 된다. 푸르른 녹지, 절묘하게 조경된 정원, 전망대와 야외 테라스 등이 어우러진 최고의 도심 속 힐링 공간이다.

스카이 가든의 마지막 자랑은 식사와 음료를 제공하는 네 군데의 레스토랑이 있고 당연히 애프터눈 티 메뉴도 즐길 수 있다.

🏠 1 SKY GARDEN WALK, London EC3M 8AF 📞 +44 20 7337 2344 🌐 skygarden.london 📮 monument
🚇 런던 타워, 템즈강

스트레이트 티와 블렌디드 티

홍차는 그 원료에 따라 크게 세 종류로 나눌 수 있다.

먼저 스트레이트 티(straight tea)는 특정 지역에서 생산되는 찻잎 한 종류를 사용하여 만드는 차다. 차의 이름을 붙일 때 해당 지역의 지명을 주로 사용한다. 인도에서는 다르질링 홍차, 아삼 홍차, 닐기리 홍차 등이 생산된다. 중국에서는 기문홍차, 정산소종, 운남홍차(전통) 등이 생산되는데, 정산소종의 고장인 무이산 동목관에서 최근 새로 만든 홍차인 금준미도 큰 인기를 얻고 있다. 주요 홍차 생산국 중 하나인 스리랑카(옛 이름 실론)에서는 우바 홍차, 딤불라 홍차, 누와라엘리아 홍차, 캔디 홍차 등이 유명하다.

블렌디드 티(blended tea)는 여러 산지의 찻잎을 섞어서(블렌딩하여) 만든 홍차다. 많은 홍차 회사들이 이처럼 여러 산지의 찻잎을 섞어 홍차를 만드는데, 이렇게 해야 오히려 해마다 맛이 달라지지 않고 일정한 맛을 낼 수 있기 때문이다. 또 차의 가격도 일정하고 저렴하게 유지할 수 있다. 이렇게 만든 차에는 보통 잉글리시 브랙퍼스트, 오렌지 페코 등의 이름을 붙인다.

잉글리시 브랙퍼스트(English Breakfast)는 아침에 마시기 좋다는 의미의 진한 차인데, 주로 인도의 아삼이나 스리랑카에서 생산된 홍차를 위주로 다른 찻잎들을 섞어 만든다. 진한 맛을 내는 아프리카산 홍차도 베이스로 많이 이용된다. 오렌지 페코(Orange Pekoe)는 찻잎의 등급을 말하는 것인데, 맑고 신선한 향과 은은하고 부드러운 맛을 내는 홍차의 특정 종류로 사용하고 있다. 주로 인도와 스리랑카의 찻잎을 베이스로 하며, 밀크티가 아니라 스트레이트 티로 마셔야 더 좋다.

마지막으로 향차(flavored tea)는 찻잎에 꽃, 과일 등을 이용해 향을 더한 홍차를 말한다. 처음에는 홍차에 사과나 딸기 향을 입힌 것으로 출발했는데, 각 회사들이 저마다의 블렌딩을 통해 현재는 수백가지의 서로 다른 향차가 개발되어 판매되고 있다. 대표적으로 사과향을 입힌 애플 티, 중국 홍차를 베이스로 하여 베르가모트(bergamot) 향을 입힌 얼 그레이 등이 있다.

도심에서 즐기는 시골풍 애프터눈 티

카나비Carnaby 거리는 그야말로 런던의 핫 플레이스다. 웨스트 엔드West End의 중심가에 위치한 이 거리에는 100개가 넘는 상점과 60개가 넘는 식당, 바, 카페가 있다. 런던에서도 가장 독특한 쇼핑과 식사를 할 수 있는 거리다. 또 논란의 여지 없이 카나비는 상징적인 유산이 많은 곳이다. 1960년대 스윙 런던Swinging London의 탄생지가 된 이후, 모드족Mods, 스킨헤드족Skinheads, 펑크족Punks, 뉴 로맨틱스New Romantics의 고향이 되었던 곳이 카나비 거리다. 이처럼 카나비는 역사적으로 문화와 생활양식의 보고였고 앞으로도 그럴 것이다.

이런 카나비 거리를 대표하는 티룸이 어반 티룸Urban Tea Rooms이다. 어반 티룸은 영국의 전통적인 시골 티룸에 현대적인 면모를 갖추어 바쁜 도시인들에게 새로운 경험을 제공하고 있다. 홍차 외에 낮에는 바리스타가 만드는 커피를 팔고 밤에는 펑키한 와인바로도 운영된다.

어반 티룸은 사람들로 넘치는 복잡한 카나비 거리에서 캐주얼하게 맛있는 커피나 차를 만날 수 있는 곳으로, 지하에도 공간이 있어서 인파에서 놓여나서 잠시 휴식을 즐길 수 있다.

낮에는 커피와 차를 주로 판매하는데, 커피의 경우 유기농법으로 상을 받은 최고급 원두를, 라 마르조코La Marzocco GB-5라는 커피머신을 이용해 추출한다. 이 기계는 소위 커피계의 페라리Ferrari로 통하는 최고가 커피머신이다.

차의 경우 레어티the Rare Tea Co에서 생산되는 최고 품질의 잎차를 개별 포트와 본 차이나 잔에 담아 제공한다. 티푸드는 현지 조달된 영국산 농산물로 만들어지며(가능한 경우 유기농 제품과 자유로운 방목장의 제품), 매일 인근 빵집에서 수제로 만든 신선한 빵과 케이크가 제공된다. 수제 샌드위치와 샐

러드, 잼과 코니시 클로티드 크림을 곁들인 당근 케이크와 스콘도 3단 트레이에 담겨져 나온다.

이곳의 스콘과 당근 케이크는 특히 유명하고 맛있다. 환상적이고 다양한 차와 케이크를 갖춘 기발한 찻집이 바로 어반 티룸이다.

🏠 19 Kingly St, Soho, London W1B 5PY 📞 +44 20 7434 3767 🌐 www.urbantearooms.com 🕐 월 07:30~18:00, 화 07:30~22:00, 수~금 07:30~23:30, 토 10:00~23:30, 일 12:00~19:00 🚇 Oxford Circus Underground Station, Piccadilly Circus Station 📍 Royal Academy of Arts, Liberty London(리버티 백화점)

책, 케이크, 차가 있는 풍경

대영박물관 앞에 위치한 서점 런던 리뷰 북샵London Review Bookshop은 2003년에 처음 문을 열었다. 고전에서부터 현대 소설과 시에 이르는 문학작품들을 비롯하여 역사, 정치, 철학, 요리, 수필, 아동도서 등 약 2만 권 이상의 책들을 비치하여 판매하는 서점이다. 우리나라 사람들에게는 책보다 이 서점에서 판매하는 품질 좋은 에코백이 더 유명하다. 대영박물관에 간다면 런던 리뷰 북샵에 들러 에코백을 꼭 사라는 조언이 블로그에 수도 없이 돌아다닌다.

하지만 사실 이 서점의 책을 제외한 또 하나의 자랑은 서점 안에 있는 케이크 가게다. 가게 이름도 서점 이름과 쌍둥이처럼 '런던 리뷰 케이크샵'으로 지었다.

길가에서는 북 샵 쪽으로 카페가 보이지 않는데 별도 공간으로 분리되면서 한 공간인 곳이다. 한참 동안 책을 고르고 구경하다가 카페로 넘어가면 차나 가벼운 음식을 시켜놓고 시간이 멈춘 듯 각자 독서에 몰입해 있는 사람들을 만날 수 있다. 카페에는 안뜰 야외 좌석도 있고 건너편에 르 꼬르동 블루 디저트 가게도 있다.

책들에 둘러싸여 차 향기를 맡으며 즐기는 케이크 한 조각의 맛은 이미 역사의 뒤안길로 사라져버린 초창기의 문학적인 커피하우스에 대한 현대적 재해석이라고 할 만하다. 케이크 가게라지만 싱싱한 계절별 재료를 활용한 케이크 외에 다채로운 샐러드와 간단한 식사도 판매하고 있다. 음식과 함께 제공되는 차 역시 고급스런 제품들이다. 싱그러운 맛의 녹차와 블렌딩된 홍차 외에 약초를 넣은 커피 등 여러 종류의 차가 있다.

런던 리뷰 케이크샵은 대담하고 아름다운 케이크로 유명하다. 이곳의 모든 케이크와 쿠키는 테리 글로버Terry Glover 여사가 이끄는 작은 팀에 의해 수제로 만들어진다. 신선한 크림, 계절 과일, 다양한 종류의 향신료를 활용한 케이크가 보는 이의 입맛을 절로 다시게 만든다.

⌂ 14–16 Bury Pl, Holborn, London WC1A 2JL ☎ +44 20 7269 9030 🌐 www.londonreviewbookshop.co.uk
🕐 월~토 10:00~18:00 🚇 Holborn tube station 🚉 The British Museum(대영박물관), Russell Square

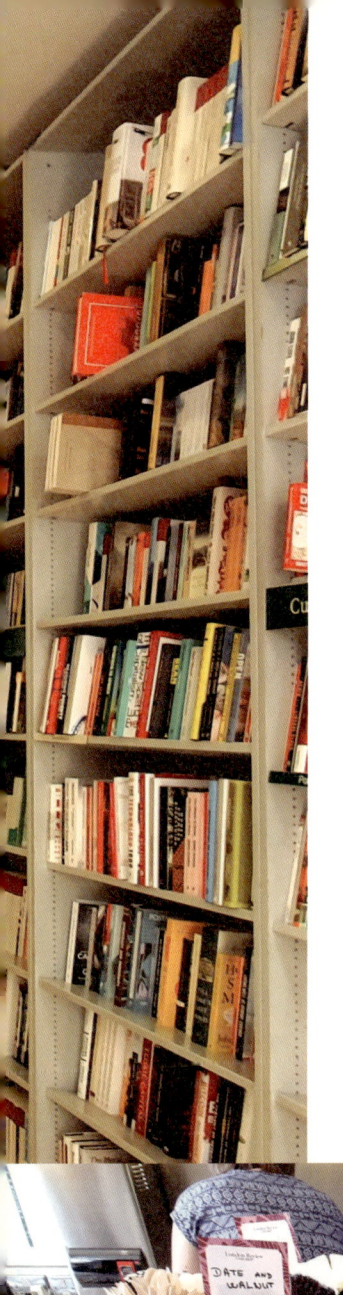

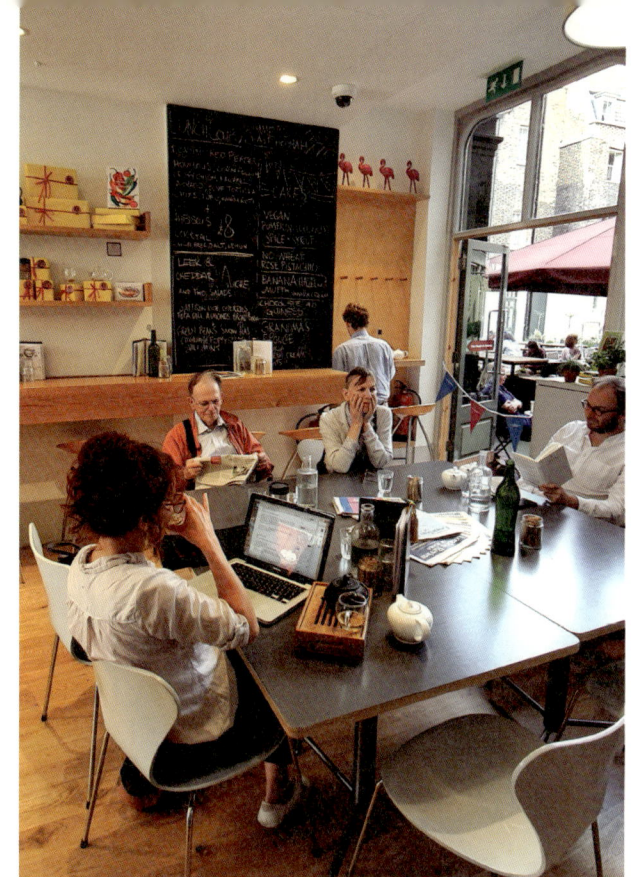

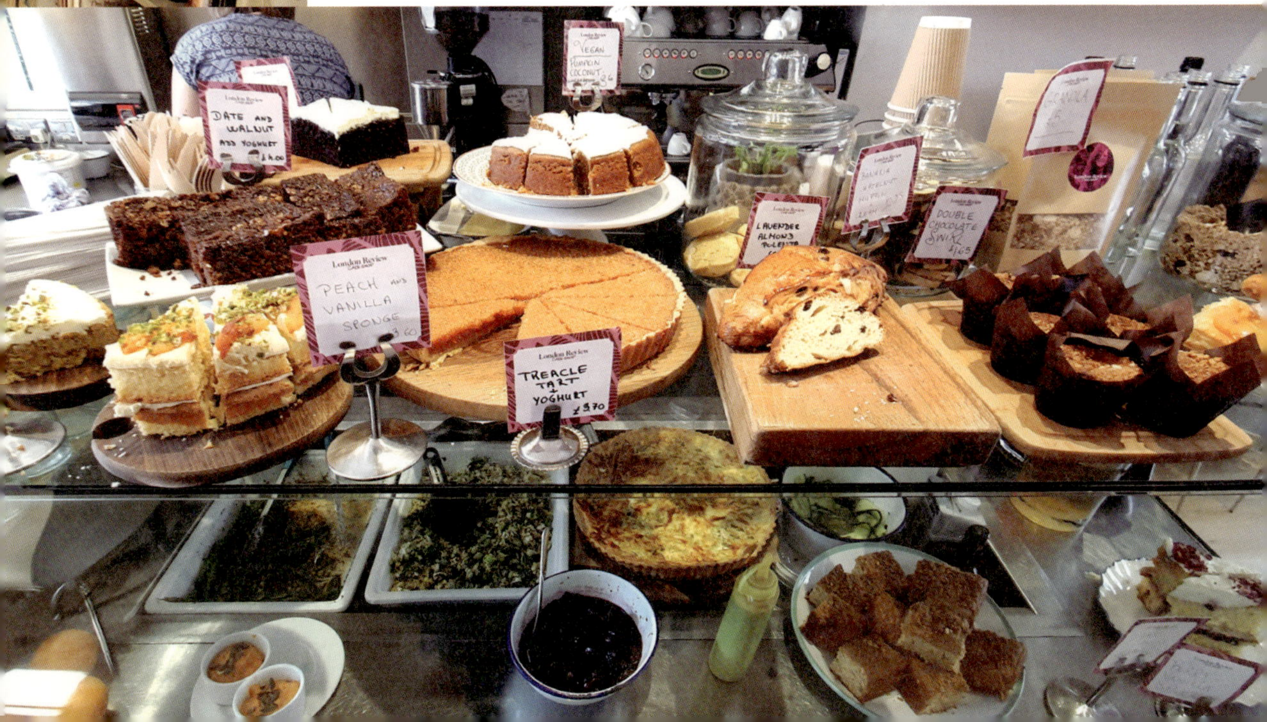
DATE AND WALNUT
PEACH AND VANILLA SPONGE
TREACLE TART + YOGHURT £3.70
DOUBLE CHOCOLATE SWIRL
VEGAN

환상적인 꽃대궐에서 태국요리와 차를

처칠 암스The Churchill Arms는 런던의 유서 깊은 펍이다. 1750년에 처음 지어졌다고 하는데, 1800년대에 윈스턴 처칠Winston Churchill의 조부모가 단골로 드나들게 되었고, 제2차 세계대전이 끝난 뒤 지금의 이름으로 바뀌었다.

처칠 암스에 도착하면 우선 외벽을 장식한 엄청난 규모의 화려한 꽃들에 입을 벌리지 않을 수 없다. 빈틈이 없을 정도로 작지 않은 규모의 2층 건물 전체가 녹색의 잎과 형형색색의 꽃으로 뒤덮여 있어 그야말로 꽃대궐이다. 첼시 플라워 쇼Chelsea Flower Show에서 우승을 한 적도 있다고 한다. 안으로 들어가면 처칠 관련 사진들을 비롯하여 그를 모티브로 삼은 장식들이 많이 눈에 띄는데, 전체적으로 고풍스럽다.

처칠 암스는 다양한 맥주와 와인을 즐길 수 있는 펍이자 고급 태국요리의 맛집으로도 유명한 곳이다. 부드럽고 순한 맛의 면 요리인 팟시유Pad Siew부터 맵고 화끈한 깽파Kaeng Par 커리까지 다양한 태국요리를 즐길 수 있다. 전형적인 영국식 펍을 지나서 안쪽으로 다른 공간처럼 꾸며진 곳에 태국 식당이 있다. 안쪽에도 정원처럼 꽃들이 잘 가꿔져 있고 이국적인 음식을 즐기는 사람들 로 왁자지껄하다. 런던에서 만나기 쉽지 않 은 태국요리를 맛볼 수 있다는 수준을 넘어 태국요리를 좋아하는 사람들에게는 꽤 소문 난 맛집이다.

전문적인 티룸은 아니지만, 태국요리와 함께 즐기는 홍차 한잔은 그 자체로 음식의 맛을 살려주고 입 안을 개운하게 한다.

🏠 119 Kensington Church St, Kensington, London W8 7LN ☎ +44 20 7727 4242 🌐 www.churchillarmskensington.co.uk 🕐 12:00~22:00 🚇 Notting Hill Gate 📍 Kensington Palace, Notting Hill

54 허밍버드 베이커리

미국식 베이커리와 컵케이크의 천국

2004년 노팅힐Notting Hill에 개업한 허밍버드 베이커리Hummingbird Bakery는 런던에서 고급 아메리칸 베이킹 샵을 표방하는 곳이다. 이후 영국에서 허밍버드의 지점은 6개로 늘었고, 맛있는 컵케이크와 갓 구워낸 달콤한 간식 및 디저트로 명성을 얻고 있다. 두바이에도 지점이 있다.

허밍버드가 다른 베이커리와 다른 점은, 현장에서 바로 구워낸다는 것이다. 집에서 만드는 빵처럼, 즉석에서 구워낸 빵이라야 가장 맛이 좋다는 점을 내세우고 있다. 이에 따라 매장마다 별도의 제빵실을 두고 제빵사와 데코레이션 전문가들이 상주한다. 당일 구운 빵과 과자만 판매한다는 원칙도 세워두고 있다.

이 아메리칸 스타일 제과점의 최고 히트 상품은 컵케이크다. 바닐라, 초콜릿, 레드벨 벳 등 달콤한 컵케이크의 유혹은 누구도 뿌리치기 어렵다. 그밖에 레이어layer 케이크, 브 라우니, 파이, 치즈케이크 등도 인기를 끌고 있다. 모두 애프터눈 티를 위한 최고의 티푸 드들이다.

이 빵집의 명성이 알려지면서 이들의 레시피 또한 큰 관심을 끌었고, 이들은 벌써 여 러 권의 요리 책을 출간했다. 『허밍버드 베이커리 쿡북The Hummingbird Bakery Cookbook (2009)』, 『케이크 데이Cake Days (2011)』, 『홈 스위트 홈Home Sweet Home (2013)』, 『인생은 달콤해Life is Sweet (2015)』 등인데, 지금까지 150만 부가 넘게 팔렸다고 한다.

🏠 133 Portobello Rd, Notting Hill, London W11 2DY 📞 +44 20 7851 1795 🌐 hummingbirdbakery.com
🚇 Ladbroke Grove Station, Holland Park Station, Notting Hill Gate 🔵 포토벨로 마켓, 노팅힐 서점

예술이 된 달콤함의 끝판왕

3단 트레이에 가득 채워진 달콤하고 다양한 티푸드야말로 애프터눈 티의 정점이다. 런던에는 홍차와 어울리는 각종 빵과 케이크 종류를 전문으로 판매하는 샵들도 발달되어 있는데, 페기 포셴Peggy Porschen이 대표적이다. 젊은 여성들이라면 누구나 환호하게 되는 핑크색 매장에 달콤하고 부드러운 빵과 디저트가 가득하니 누구나 빠져들지 않을 수 없는 곳이다.

2003년 런던 벨그라비아Belgravia에 처음 문을 연 페기 포셴의 설립자 페기 포셴은 독일 쾰른에서 태어난 여성으로, 역사와 전통을 자랑하는 프랑스의 요리학원 르 코르동 블루Le Cordon Bleu를 졸업했다. 이후 케이크 전문점 페기 포셴을 설립하여 명성을 쌓기 시

작했으며, 여러 권의 책을 내기도 했다. 수많은 요리 경연 대회 등에서 수상하면서 그녀의 이름은 세계적으로 알려졌고, 벨그라비아와 첼시에 있는 페기 포셴 매장은 현지인들은 물론 관광객들도 많이 찾는 명소가 되었다.

페기 포셴은 기본적으로 파티용 케이크를 전문으로 만드는 곳이다. 그런 만큼 맛도 중요하지만 디자인과 예술성이 무엇보다 뛰어나야 하며, 페기 포셴의 케이크는 이런 요구에 가장 잘 부합한다는 평가를 받고 있다. 실제로도 영국을 비롯한 세계의 많은 유명인사와 저명인사들이 결혼식 등의 파티에 이곳의 케이크를 이용하고 있다. 2011년에 열린 패션 모델 케이트 모스Kate Moss의 결혼식을 비롯하여 엘튼 존Elton John, 스텔라 매카트니Stella McCartney, 앤서니 홉킨스Anthony Hopkins 등이 각종 파티에 이곳의 케이크를 이용하면서 더욱 유명세를 탔다. 페기 포셴의 또다른 장점은 이곳만의 블렌딩 티가 있다는 것이다.

페기 포셴의 꽃장식 가득한 입구에는 동화 같은 인생 사진을 찍으려는 방문객들로 붐비고 로맨틱한 핑크빛 디저트와 음료를 즐기기 위해 길게 줄이 늘어서 있다. 환상적인 컵케이크에 열광하는 분들이라면 꼭 들러보시라고 추천하고 싶은 곳이다.

페기 포셴에는 별도의 요리학교도 개설되어 많은 케이크 전문가들을 배출하고 있다. 페기 포셴의 케이크 아카데미는 2011년 개교하였으며, 전문가 과정과 일반인 과정을 운영하고 있다.

🏠 116 Ebury St, Belgravia, London SW1W 9QQ ☎ +44 20 7730 1316 🌐 www.peggyporschen.com Ⓥ 월~화 휴 무, 수~일 10:00~17:00 Ⓜ Sloane Square Station, Victoria Station Ⓢ Victoria Palace Theatre, Westminster Cathedral

찻잎 크기와 홍차의 등급

홍차는 그 재료가 되는 찻잎을 분쇄하여 만든 차(Broken type)와 잎 전체를 그대로 이용하여 만든 차(Whole leaf type)로 대별된다. 대부분의 고급 수제차는 분쇄하지 않고 만드는 홀 리프 타입(Whole leaf type)이며, 이 경우 티 캐디에는 보통 '루스 리프(Loose Leaf)'라고 적혀 있다. 이때의 루스(loose)는 산개(散開)되어 있다는 의미로, 산차(散茶)와 흡사한 개념이다. 우리말로 옮길 때는 흔히 전엽차(全葉茶)라고 한다. 이런 홀 리프 타입 홍차는 다시 얼마나 어린 싹이나 잎을 사용했는가에 따라 등급이 분류된다.

이 하위 분류법 역시 두 가지 기준에 따라 나뉘는데, 먼저 팁(Tip, 가지 끝의 새싹)의 이용 정도에 따라서 골든 팁(Golden Tip), 실버 팁(Silver Tip), 골든 실버(Golden Silver), 플라워리 실버(Flowery Silver)의 네 등급으로 나눈다. 골든 팁(Golden Tip)은 팁 부분만 채엽하여 만든 차다. 실버 팁(Silver Tip) 역시 팁 부분만을 채엽하여 만든 차인데 골든 팁에 비해 상대적으로 싱거운 맛을 낸다. 골든 실버(Golden Silver)는 어린잎으로 만든 홍차 중 골든 팁(Golden Tip)을 많이 포함하고 있는 것들을 골라낸 것이다. 플라워리 실버(Flowery Silver)는 골든 실버(Golden Silver)보다 골든 팁(Golden Tip)의 양이 상대적으로 적은 차다.

홀 리프 타입 홍차는 또 그 사용한 찻잎의 크기가 얼마나 큰가에 따라 FOP(Flowery Orange Pekoe), OP(Orange Pekoe), P(Pekoe), PS(Pekoe Souchong), S(Souchong) 등급으로 나뉜다. 이 중 FOP는 팁과 OP 등급의 잎으로만 만들어진 고급 홍차다. OP는 팁 바로 아래에 난 어린잎을 말하며, 침상(針狀)의 형태를 하고 있다. P는 OP의 바로 아래 위치한 잎이고, 역시 침상의 형태가 많다. PS는 P의 아래에 있는 잎이며, 거친 것이 많고 비교적 품질이 떨어진다. S는 PS 아래에 돋아난 비교적 늙은 잎이고 품질도 많이 떨어진다.

찻잎을 분쇄하여 만드는 브로큰 타입(Broken type)의 차는 크게 OP 등급의 찻잎을 분쇄한 BOP(Broken Orange Pekoe)와 이보다도 더 작게 잎을 분쇄한 BOPF(Broken Orange Pekoe Fanning) 등급으로 나뉜다. BOP 등급의 찻잎은 그 크기가 대략 2~3mm 정도이며, BOPF 등급은 이보다도 1mm 정도 더 작게 분쇄한 것이다.

브로큰 타입 이하의 홍차도 있는데, F(Fanning)와 D(Dust), CTC가 그것이다. 여기서 F는 BOP를 체로 거를 때 밑으로 떨어지는, 다시 말해 BOP 등급보다 작은 잎들을 의미하며, D는 거의 분말(Dust)에 가까운 잎을 의미한다. 마지막으로 CTC는 Crush, Tear, Curl의 약자로, 기계를 이용하여 찻잎을 으깨고 잘게 찢은 후 모양을 만드는 제다법에서 유래된 것이다.

Orange Pekoe

Flowery Orange Pekoe

Pekoe Sochong

Pekoe

Sochong

홍차의 찻잎과 부분별 명칭

사진 찍기 좋은 스타일리시 카페의 선두주자

아름답고 화려한 분위기의 카페들은 세계 어느 도시에든 있다. 하지만 EL&N만큼 분위기 좋은 카페를 찾기는 쉽지 않을 것이다. 런던에 여러 체인점을 두고 있는 이 카페의 상징적인 꽃 벽, 핑크색 인테리어, 화려하게 장식된 라떼 등은 인스타그램을 비롯한 소셜 미디어를 휩쓸고 있을 정도로 큰 인기다. 그래서 여행은 곧 사진이라고 믿는 많은 사람들도 EL&N을 찾아 달콤한 디저트를 즐기며 여유를 만끽하고 재충전의 시간을 갖는다.

꽃대궐을 연상하게 하는 이곳은 핫플레이스답게 기꺼이 매장 앞에서 줄을 서는 고객들을 볼 수 있다.

알렉산드라 밀러Alexandra Miller가 2017년에 메이페어Mayfair에 첫 가게의 문을 열었는데, 핑크색의 화려하고 아름다운 인테리어와 달콤한 디저트, 건강한 식재료를 이용한 각종 요리들로 순식간에 사람들의 이목을 집중시켰다. 카페 이름 EL&N은 Eat, Live & Nourish의 머릿글자를 모아 만든 것이다.

EL&N은 매력적인 분위기와 더불어 건강을 의식하는 좋은 품질의 음식을 제공하는 고

급 식사 경험도 제공한다. 하지만 이 카페의 최고 인기 식음료 메뉴는 역시 커피다. 몇 가지 종류의 차도 판매하는데, 'EL&N 런던 티'는 이 가게가 직접 블렌딩한 잎차를 제공하며, 홍차 전문회사인 플로라 티FLORA TEA의 차도 판매한다.

🏠 48 Park Lane Mayfair W1K 1PR 📞 +44 20 7491 8880 🌐 www.elnlondon.co.uk 🕐 07:30~24:00
🚇 Hyde Park Corner 📍 하이드 파크, 버킹엄 궁전

지중해 요리와 함께 즐기는 정통 애프터눈 티

페 메종Fait Maison은 각종 음료는 물론 지중해와 중동, 특히 팔레스타인 음식을 즐길 수 있는 레스토랑이다. 특히 케이크가 유명한데, '모든 케이크는 자신의 이야기를 가지고 있다'는 철학으로 케이크를 만든다고 한다.

이 레스토랑을 설립한 사람들 가운데 한 사람이자 주방장이기도 한 이본느 오스만Yvonne Osman은 인테리어에 대한 안목이 뛰어난 중동 요리 전문가이다. 그녀가 요리를 책임지는 사람이라면 마리암 엘 반나 Mariam El-Banna는 차와 음료 담당 책임자다. 역시 인테리어를 전공한 그녀는 케이터링Catering과 맞춤형 이벤트 사업에 종사하다가 페 메종에 합류했는데, 미식가이자 애프터눈 티의 열렬한 추종자이기도 하다.

마리암이 합류하면서 페 메종은 식사를 위한 레스토랑을 넘어 정통 애프터눈 티를 포함한 각종 고급 차들을 즐길 수 있는 티룸으로 변신했다. 그래서 가게의 이름도 페 메종

살롱 드 떼Salon de Thé로 바꾸었다.

마리암의 탁월한 안목과 감각으로 디저트나 소품 장식 볼거리가 가득하다. 키페 안의 장식 모두가 여성들의 로맨틱한 감성을 일깨운다. 겹겹이 쌓인 앤틱 찻잔과 티팟들은 한참 시선을 머물게 한다. 디저트는 종류도 많거니와 먹기 아까울 정도로 예쁘게 디자인되어서 티타임을 하면서 어디에서 사진을 찍어도 화보처럼 나온다.

페 메종 살롱 드 떼에서는 클로티드 크림 및 딸기잼과 함께 제공되는 스콘이 나오는 크림티와 정통 애프터눈 티 세트를 즐길 수 있다. 크림티는 1인당 11.95파운드, 애프터눈 티는 27.95파운드다. 여러 종류의 차들이 준비되어 있는데, 고급 아삼 홍차를 베이스로 한 잉글리시 브랙퍼스트, 라벤더향이 추가된 얼 그레이, 다즐링 세컨드 플러시, 중국 녹차, 아삼, 실론 등이다.

🏠 144 Gloucester Rd, South Kensington, London SW7 4SZ ☎ +44 20 3490 5585 🌐 www.fait-maison. co.uk ⏰ 월~목 07:30~22:00, 금~토 08:00~22:30, 일 08:00~22:00 🚇 Gloucester Road 🏛 자연사박물관, Victoria and Albert Museum

런더너들이 줄 서는 로스팅 커피 전문점

오늘날 커피는 홍차 못지않게 많은 사람들이 즐기는 음료다. 런던에도 유명한 커피 전문점들이 많고, 홍차와 커피를 동시에 판매하는 카페들도 많다. 그런 런던에서도 가장 유명한 커피 전문점 브랜드가 있다. 바로 몬머스 커피, 카페 네로, 코스타가 그것이다. 이를 흔히 런던의 3대 커피 전문점으로 꼽는다.

몬머스Monmouth 커피의 경우 1978년에 처음 가게 문을 열었는데, 그 장소가 코벤트 가든의 몬머스 거리였다. 이후 가게는 몇 번의 이사를 거듭했고, 지금은 코벤트 가든과 버로우 마켓 Borough Market의 두 군데에 가게가 있다.

커피의 퀄러티에 집착하고 커피 자체보다 커피를 즐기는 문화에 열광하는 추세는 우리나라에만 국한된 것은 아닌 듯하다. 오랜 차문화 전통을 가진 영국이지만 커피 전문점에는 커피 마니아들로 북적인다. 런던 최고의 커피로 알려진 몬머스 매장은 협소하여 앉을 자리가 별로 없어 보인다. 가게 앞이나 계단에 걸터 앉아 시간이 지나가는 거리풍경을 보면서 긴 대기줄을 기다린다. 좁다란 바 테이블과 그 위의 바구니 안에는 빵이 담겨 있

고 유기농 설탕도 그릇에 수북하다.

　몬머스는 우선 공정무역을 통해 세계 각국의 소규모 농장에서 원두를 구해오고, 이를 매장에서 직접 로스팅하여 판매하는 곳으로 유명하다. 그만큼 신선한 커피를 즐길 수 있는 곳으로 소문이 났고, 평일이든 주말이든 가게 앞에는 신선하고 따뜻한 커피 한잔을 위해 길게 줄을 선 사람들로 붐빈다. 화이트 필터 커피가 가장 유명한 메뉴.

🏠 27 Monmouth Street, Covent Garden, WC2H 9EU, London　📞 +44 20 7232 3010　🌐 www.monmouthcoffee.co.uk　⏰ 월~토 9:00~16:00, 일요일 휴무　🚇 Covent Garden　📍 Palace Theatre, Soho, Royal Opera House

차가 먼저냐 우유가 먼저냐

1848년에 창간된 영국의 가정용 잡지 《패밀리 이코노미스트(Family Economist)》는 그 창간호에서 '맛있는 홍차를 만드는 규칙'이라는 기사를 실었다. 이때의 홍차는 영국인들이 많이 즐기는 밀크티, 즉 차에 우유를 섞은 홍차를 말한다. 이 기사에서 잡지는 '컵에 먼저 설탕과 크림을 넣고 그 위에 우린 홍차를 붓는다'고 하였다.

1861년에는 요리전문가인 M. 비튼(Isabella Mary Beeton)이 『비튼 여사의 가정서(Mrs. Beeton's Book of Household Management)』라는 책에서 홍차 우리기의 기본 원칙 다섯 가지를 새로 제안했다. 그리고 여기에 '골든 룰(golden rules)'이라는 이름을 붙였다. 그 내용은 다음과 같다.

① 양질의 차를 사용하라.
② 티 포트를 데우라.
③ 차의 양을 재라.
④ 갓 끓인 물을 사용하라.
⑤ 우러나는 시간을 기다리라.

1946년 1월에는 우리에게 『동물농장』과 『1984』로 유명한 소설가 조지 오웰(George Orwell, 1903~1950)이 신문에 '한 잔의 맛있는 홍차'라는 에세이를 발표했는데, 여기서 11가지 항목의 홍차 우리는 법을 제안했다. 그 중의 하나로 오웰은 '컵에 홍차를 먼저 따르고 우유를 나중에 넣으라'고 했다. 앞서 《패밀리 이코노미스트》가 제안한 방법과는 정반대의 방법인데, 사실 조지 오웰 당시에도 우유가 먼저인가 차가 먼저인가의 문제를 두고 논쟁이 일고 있는 상황이었다. 여기에 조지 오웰이 새삼 우유를 나중에 넣는 방식을 주장하면서 논쟁이 다시 가열되었는데, 그 제

밀크티의 일종인 인도의 차이

일 앞에는 홍차 회사들이 있었다. 트와이닝(Twinings)사는 홍차 우리는 법을 아홉 개 항목으로 정리하여 발표하면서 우유를 먼저 넣는 방식(MIF)을 제안했다. 그러자 경쟁사였던 잭슨 오브 피카디리(Jackson of Piccadilly)도 나서서 아홉 개 항목으로 된 홍차 우리는 법을 발표하고 우유를 차보다 나중에 넣는 방식(MIA)을 제안했다.

이 해묵은 논쟁은 조지 오웰의 시대가 아니라 2003년에야 종결되었는데, 논쟁을 종결한 것은 영국의 왕립화학협회라는 단체였다. 이 단체는 조지 오웰의 탄생 100주년을 기념하기 위한 사업의 일환으로 '한 잔의 완벽한 홍차를 만드는 방법'이라는 에세이를 발표했는데, 거기서 조지 오웰의 제안이 잘못된 것임을 과학적으로 분석하여 입증해냈다. 이들의 설명에 따르면 컵에 뜨거운 홍차를 먼저 넣고 나중에 우유를 부으면 '우유 속의 단백질이 고온인 차에 의해 변성되어 차의 맛과 향이 나빠진다'는 것이었다. 조지 오웰을 기념하기 위한 사업의 일환이지만 결론은 조지 오웰의 주장이 잘못된 것이었다는 얘기였다.

59 카페 네로

런던에서 즐기는 진한 이탈리안 커피향

카페 네로Caffè Nero는 영국 전역은 물론 유럽 전역에 걸쳐 지점을 운영하고 있는 대표적인 커피 체인이다. 이탈리아 스타일의 커피를 추구하는 브랜드 컨셉으로 만들어진 '카페 네로'라는 명칭은 블랙커피라는 이탈리아어이다. 20년 전에 처음 세워졌는데 벌써 800개 넘는 지점들이 개설되었다고 한다. 모든 메뉴가 비교적 저렴하고, 테이크아웃을 하면 더욱 싸진다. 상대적으로 저렴한 가격의 커피와 디저트, 무료 와이파이, 거기에 더해 폭신한 좌석과 실내 분위기가 인기의 비결이다.

카페 네로의 커피에는 기본적으로 에스프레소 2샷이 들어간다. 때문에 어떤 커피를 시켜도 진한 맛을 느낄 수 있다. 추운 겨울에 런던을 여행 중이라면 카페 네로의 핫초코가 언 몸과 마음을 녹여준다. 핫초코 위에 가득 얹어진 휘핑크림과 솔솔 뿌려진 초콜릿 조각이 일품이다. 스콘과 케이크 등 간단한 티푸드도 판매하고 있다. 레몬치즈 케이크, 초코퍼지 케이크가 인기 메뉴다.

🌐 caffenero.com/uk ⏰ 월~금 07:00~20:00, 토 07:30~20:30, 일(공휴일) 08:30~20:00

우아하고 기품 있는 런던식 패스트푸드

런던 거리를 걷다 보면 가장 자주 만나게 되는 패스트푸드 체인이 프레타 망제Pret A Manger, Ready to Eat 아닐까 싶다. 패스트푸드라면 흔히 쉽게 사먹을 수 있지만 몸에는 좋지 않은 싸구려 음식을 생각하게 된다. 하지만 프레타 망제의 샌드위치를 비롯한 음식들은 차라리 건강식에 가깝다. 메뉴가 준비되어 있고 저렴하며 간편하게 먹을 수 있는 음식들이라는 점에서는 패스트푸드지만, 신선한 재료를 이용하여 당일 만든 음식만 판매하기 때문에 건강을 걱정할 필요는 전혀 없다. 실제로 많은 런던 사람들이 출근길에 급하게 아침을 떼우거나 간단한 요기를 위해 프레타 망제를 많이 찾는다.

그런데 이 패스트푸드점의 커피가 또 꽤나 유명하다. 커피 전문점들이 즐비한 런던에서도 유기농 커피를 가장 저렴하게 즐길 수 있는 카페 구실을 톡톡히 하고 있다.

61 코스타 커피

스타벅스 위협하는 또 하나의 커피 제국

코스타 커피Costa Coffee는 영국의 다국적 커피 회사다. 30여 개 국가에 진출해 있고, 매장 수나 매출 규모 면에서 스타벅스의 뒤를 잇는 세계 2위의 커피 프렌차이즈 회사다. 영국에서는 시장 점유율에서 스타벅스를 앞서기도 했다.

1971년에 이탈리아 커피숍에 로스팅된 커피를 배급하는 형태로 코스타 형제에 의해 처음 설립되었으며, 1995년에 휘트브레드 Whitbread가 소유하게 되면서 그야말로 다국적 기업이 되었다. 휘트브레드는 영국 제1의 숙박 외식 업체다.

이 회사의 좌우명은 "그저 그런 커피로부터 세상을 구하라Save the world from mediocre coffee"이다. 그만큼 커피의 질을 높이고 유지하기 위해 많은 노력을 기울인다.

전통적으로 영국인들은 커피보다 차를 선호한다. 2015년 기준 영국의 1인당 연간 커피 소비량은 2.8kg으로 독일(7kg)과 프랑스(5.5kg) 등 주요 유럽 국가와 큰 차이를 보인다. 이런 커피 산업에서 유럽 최고의 선두주자는 이탈리아다. 에티오피아가 원산지인 커피는 중동을 거쳐 16세기에 유럽에 들어왔는데, 처음 전해진 곳이 이탈리아의 베네치아였다.

이탈리아는 이때부터 지금까지 유럽 커피 문화의 중심지로 자리매김하고 있다.

코스타 커피는 매년 4만 5,000톤의 원두를 소비한다. 커피 수확은 1년에 두 번 5월과 12월에 이뤄지는데, 코스타 커피에는 '녹색 커피 위원회Green Coffee Committee'라는 별도 조직이 있어 수급과 품질을 관리한다고 한다. 스타벅스보다 항상 더 맛있는 커피, 더 건강한 커피, 더 공정한 커피, 더 친환경적인 커피를 내세우는 코스타 커피의 도약은 당분간 계속될 것으로 보인다.

오늘날의 골든 룰

2003년에 영국의 왕립화학협회가 제안한 '한 잔의 완벽한 홍차를 만드는 방법'은 오늘날의 실질적인 '골든 룰'이 되고 있으며 그 주요 내용은 다음과 같다.

준비물1 : 아삼의 잎차, 연수(軟水), 신선한 저온살균 우유, 흰 설탕
준비물2 : 주전자, 도자기 티 포트, 큰 도자기 머그컵, 가는 스트레이너, 티스푼, 전자레인지

① 주전자에 신선한 연수를 붓고 불에 올린다. 시간, 물, 화력 등을 낭비하지 않게 적당히 끓인다. 한 번 끓였던 물은 다시 끓여 사용하지 않으며, 경수(硬水)는 거기 포함된 미네랄이 표면에 불쾌한 막을 만들기 때문에 사용하지 않는다. 같은 이유로 시판되는 미네랄워터도 사용하지 않는다. 티 포트는 도자기 제품이 좋다. 금속제는 차의 맛과 향을 손상시키기 쉽다. 차는 잎차를 사용한다. 티백은 간편하고 추출이 빠르나 맛있는 홍차에 필수적인 타닌 성분이 나오기까지 시간이 걸리므로 좋은 향을 기대하기 어렵다.

② 주전자의 물이 끓기를 기다리는 동안 티 포트를 예열한다. 예열은 홍차를 고온에서 추출하기 위함이며, 포트를 예열할 때에는 끓인 물을 포트의 1/4 이상 채우고 30초 이상 두거나, 1/4컵 정도의 물을 포트에 담아 전자레인지에서 1분간 가열한다.

③ 주전자의 물이 끓으면 즉시 티 포트의 예열한 물을 버린다.

④ 1잔에 1티스푼의 비율로 찻잎을 예열된 티 포트에 넣는다.

⑤ 물이 끓고 있는 주전자 가까이로 티 포트를 가지고 와서, 주전자의 물을 찻잎을 겨냥하여 힘차게 붓는다.

⑥ 3분간 우린다. 오래 우릴수록 좋다는 생각은 오해다. 카페인의 용출은 1분 이내에 완료되고 폴리페놀은 이보다 조금 오래 걸린다. 하지만 3분 이상이 지나면 분자량이 큰 타닌이 나오므로 맛과 향이 나빠진다.

⑦ 이상적인 것은 도자기 머그컵이지만 개인의 취향에 맞는 컵도 무방하다. 그러나 폴리스티렌(polystyrene) 컵은 사용하지 않는다. 시간이 지나도 온도가 내려가지 않아 마실 수 없고 고온에 의해 우유도 변성된다.

⑧ 컵에 먼저 우유를 넣고 이어서 홍차를 부으며, 맛있어 보이는 색이 되는 것을 목표로 한다. 초고온살균 우유(120~130℃에서 2초간 살균)가 아니라 저온살균 우유(63~65℃에서 30초, 또는 73℃에서 15초간 살균)를 사용한다. 고온살균 우유는 단백질의 일부가 이미 열에 의해 변질되었기 때문이다. 만약 우유를 나중에 부으면 뜨거운 홍차에 의해 우유의 단백질이 변하게 되므로 우유를 먼저 컵에 따르고 나중에 홍차를 붓는다. 우유와 홍차가 섞이면 자연스럽게 홍차의 온도는 75℃ 이하가 된다.

⑨ 설탕은 기호에 따라 넣는다. 우유도 마찬가지다.

⑩ 홍차를 마시기에 적당한 온도는 60~65℃이며, 이보다 뜨거우면 마시기도 어렵고 마실 때 소리가 나서 품위를 손상시킨다. 위에서 제시한 대로 하면 홍차는 1분 이내에 이 온도까지 내려가며, 티스푼을 잠시 컵에 담가두면 온도를 식히는 데 도움이 된다.

참고문헌

Andrea Broomfield(2007) 'Food and cooking in victorian England', Praeger.

Brenda Williams(2005), 『Victorian Britain』, Pitkin Jarrold.

Claire masset(2010), 『Tea and Tea Drinking』, Shire Publication.

Helen Simpson(2006), 『The Ritz London Book Of Afternoon tea』, Cristian le Comte.

Jane pettigrew(2004), 『The tea companion』, Running press.

Jane pettigrew & Bruce Richardson(2008), 『A social History oF Tea』, Benjamin press.

Kim Waller(2005), 『The art of taking tea』, Arandom house Miller's.

Muriel Moffat(2013), 『Afternoon Tea, A timeless Tration』, Douglas & Mcintyre

Paul chrystal(2014), 『'TEA' A British Beverage』, Amberley.

Yvonne Isherwood(2007) 'Fortnum & mason', fortnum& mason Plc.

Lucy Worsley(2014) 'Tea fit for a Queen', FSC.